La propaganda a través de la historia

NORBERTO ROSALEZ

Ideales Literarios

LA PROPAGANDA A TRAVÉS DE LA HISTORIA

www.idealesliterarios.com
Primera edición de esta presentación: octubre 2022

Autor: Norberto Rosalez

Diseño de tapa: Norberto Rosalez. Ideales Literarios, ON, Canadá.

Correctora de estilo: Carolina Dávila Egüez

Obra en formato Papaerback
ISBN: 978-1-7781478-2-1

Obra en formato EBOOK
ISBN: 978-1-7781478-3-8

Depósito legal: DLD-1000000012676

|Ideales Literarios|

DEDICATORIA

Dedico este libro a las noches de insomnio.

CONTENIDO

AGRADECIMIENTOS

Quiero agradecer infinitamente a quienes siempre me han apoyado: a mis padres, a mi esposa Carolina y a mis amigos.

Prólogo

La historia es algo que nos atraviesa, y la historia del discurso nos atraviesa de una manera aún más particular; porque si por algo nos caracterizamos los seres humanos es por nuestra capacidad de hablar (y luego, gracias a los maestros, de descubrir los misterios del lenguaje y de escribir). Hablando de esos maestros, Noam Chomsky escribió un libro titulado *Ilusiones necesarias*, una obra que a mí en particular, en aquel entonces cuando la leí, me encantó aunque ya no recuerde nada de ella —sólo tengo el recuerdo de que en aquel momento había quedado anonadado con ese libro—, una ilusión reveladora, sana y positiva como las que nos hacen sentir vivos. Y a medida que voy escribiendo este prólogo, cuando recuerdo el título de la obra de Chomsky, siento la necesidad quizás de cambiarle el título a mi libro —o al menos de modificarlo— porque el que tengo *La propaganda a través de la historia* no refleja por completo lo que en algún momento de mi vida me dediqué a escribir en su contenido; como tampoco estoy seguro si la continuación de esta obra, que tengo pensado publicar el año próximo, se llame *Las influencias del miedo*. No lo sé, eso está por verse.

Mi obra en cambio pretende ser mucho más modesta ya que plantea los anales de la propaganda, unos anales que son los que yo sencillamente encontré en mi recorrido como lector de un tema que en algún momento de mi vida me apasionó y me obsesionó, pero que ahora ya no. La propaganda fue un tema que me preocupó como ciudadano de un país tan extremadamente afectado por ella como lo es Argentina hasta el día que entendí que no me daba felicidad, hasta el día que comprendí que vida hay una y que los seres humanos estamos para disfrutarla. Digo esto sin ánimo de desmerecer esta obra, sino todo lo contrario, lo digo con el sentido de dejar en claro que cualquier camino que nos conduzca a la felicidad es lícito (incluso estudiar un tema como este, o dejarlo); porque la felicidad es positiva, nos alegra vida, y por lo tanto no creo que a menudo nos ponga caminos ilícitos como **el consumo de la propaganda** que nos conduzcan a ella (y nótese que hago referencia al **consumo de** —ya que les gustan las etiquetas— como si se tratase de cualquier otro tipo de estupefaciente en el sentido estricto del término). Sin embargo, si nos causa felicidad estudiar un tema para comprenderlo más cabalmente, para eso le acerco este libro al lector, para que revise desde cuándo se han gestado esta clase de métodos, cuáles han sido y cómo han venido evolucionando a lo largo de la historia. Porque quienes nos hemos dedicado a estudiar este tema más en profundidad sabemos del alcance tremendamente nocivo que tiene esta sustancia que conforma a los medios de comunicación de hoy en día y que tiene a las poblaciones del planeta narcotizadas y por sobre todo *aterradas*, a las cuales incluso son tan fáciles de manipular.

Ahora, este tema que me apasionó en su momento, que me anonadó, que me intoxicó, y al cual le dediqué algún estudio, ya no es de lo que escribo; pero me pareció lícito compartir esta obra con el lector que se interesa, obsesiona (hasta cierto punto) o estudia la propaganda, porque esta obra no pretende ser «la verdad sobre la propaganda», sino un simple comentario cronológico de mi lectura de hace ya muchos años atrás sobre el tema. A pesar de que esta obra parezca un estudio monográfico o de investigación, es sencillamente un bitácora con la cual podamos navegar un recorrido histórico posible de la propaganda (porque puede haber muchos otros recorridos diferentes si se quiere), de esa propaganda a la que Chomsky se refiere con la cual los gobiernos, que dicen ser democráticos, distorsionan los hechos, perpetran las peores masacres, alteran de manera intencional la percepción de la realidad de la gente y/o crean confusión para distraer al pueblo, para que —como pensaba Chomsky en aquel entonces— no pueda efectivizarse una suerte de democracia verdadera, si es que esto existe. Yo lo dudo. Siempre creí que la democracia es la primera ilusión alegórico-platónica que no le da felicidad a la mayoría, que es, como cualquier otro sistema de gobierno, en mayor o menor medida, falsa, abusiva y esclavizante.

Si bien Chomsky es sin duda uno de los grandes maestros de nuestra época, no obstante, como a todos nos pasa (incluso a los grandes como él) es posible que se le haya olvidado aclarar en su irónico título a quiénes les son necesarias o convenientes esas ilusiones. A nosotros seguro que no. Por eso este libro viene a mostrarle al lector un acotado recorrido de lectura sobre un tema tan vasto, que se ha vuelto tan extenso y que en la actualidad se ha filtrado por todos los poros de una esponja social conformada por millones y millones de personas que a diario absorben y consumen los medios de comunicación que ha impregnado e intoxicado el pensamiento cultural actual con una nocividad destructiva devastadora que está conduciendo a las poblaciones del mundo a refugiarse en la adictiva ilusión mediática que la propaganda incluso conforma y perfecciona a diario. Ernesto Sábato, que en un principio fue un prestigioso doctor en ciencias fisicomatemáticas, en un momento de su vida, «aterrado», abandonó la ciencia para dedicarse a la literatura y a la pintura, porque concluyó que si algo iba a salvar al género humano eso sería el arte. Porque algunos nos marcan el camino, yo prefiero refugiarme en la literatura, escribir novelas como «*Que te sea leve*» (que aunque sea cruda, no deja de denunciar las atrocidades de nuestros gobiernos) o cuentos cortos como el de *El Halloween de Nicolás* o *El ilusionista* que contienen una especie de ilusión sana que nos enriquece y nos alegra la vida y que quizás nos salve a todos.

Norberto Rosalez
Toronto, octubre 2022

La historia de la propaganda

El propósito de estos apuntes preliminares es revisar algunos antecedentes históricos de la propaganda como paso previo hacia la comprensión de cuán antigua y frecuente en la vida cotidiana de las civilizaciones ha sido esta práctica tan habitual. Esta no pretende ser, por lo tanto, una revisión exhaustiva, sino que más bien un intento por introducir al lector en el tema contextualizado de la manera que en lo personal he creído la más apropiada, la de una propaganda históricamente frecuente, presente de manera cotidiana, pero necesariamente inadvertida.

Etimológicamente, el término *propaganda* proviene del latín *propagare*; *multiplicar, propagar, perpetuar, acrecentar, extender, diseminar, difundir,* son algunas de sus acepciones. Por lo que sabemos los primeros usos de este término se registran primitivamente en el ámbito agrícola para designar las semillas y los cultivos, y luego en el ámbito militar para referirse a las conquistas de territorios extranjeros. En la Edad Media, el uso de la palabra *propaganda* cambió a raíz de la actividad de la *Sancta Congregatio de Propaganda Fide* (Santa Congregación para la Propagación de la Fe) creada por la Iglesia con la finalidad pastoral de difundir el mensaje religioso entre los fieles ante el avance de otras congregaciones. Entonces, el significado que más se asemeja a la acepción actual de la palabra podemos registrarla cuando la Iglesia Católica la utilizó con el significado de *«para ser divulgado»* con el propósito de propagar los preceptos de la Fe Católica y sus ideas religiosas a la comunidad.

Desde el punto de vista histórico, a pesar de haber sido frecuentemente practicada, la propaganda no fue renombrada popularmente con tal denominación, sino que fue más bien conocida como una actividad esporádica —en ocasiones más acentuada o frecuente— de ser un refuerzo persuasivo al servicio del poder. Con el ánimo de señalar algunos de los ejemplos más representativos del uso de la propaganda en la antigüedad, mencionaremos a continuación algunos textos de fácil acceso para el lector.

El primero de ellos es un tratado que constituye uno de los más antiguos y claros ejemplos de lo que consistía el uso de la propaganda al servicio del poder, nos referimos a *El Arte de la Guerra* de Sun Tzu. En el Siglo V a.C., el General chino plasmó, en los capítulos de *El Arte de la Guerra* —que a él se le atribuyen—, los principios tácticos de cómo proceder ante el enemigo y los métodos para debilitar sus fuerzas y someterlo sin el uso de la fuerza. Entonces, el carácter que Sun Tzu exhibe en cuanto al arte de la guerra se apoya en dos principios fundamentales: *«El arte de la guerra se basa en el engaño»*[1] y *«La excelencia suprema consiste en quebrantar la resistencia del enemigo sin pelear»*[2], fundamentos — y esto luego se verá— que hacen a algunos de los principios de la propaganda actual. En su obra se destaca reiteradamente la importancia de la *influencia moral* permanente sobre las tropas, ya sean las propias o las huestes enemigas, es decir, Sun Tzu propone influenciar de manera sostenida tanto la moral de las propias fuerzas, como la desmoralización de las fuerzas rivales. Tal es la importancia esencial de este principio para Sun Tzu que en la delimitación de los principios fundamentales del arte de la guerra, el primero de todos los principios es: *la influencia moral.* *«La influencia moral a la que alude Sun Tzu —explica el texto— es el principio de armonía entre el pueblo y su gobernante (o dirigente), de modo que lo sigan a donde sea, sin temor de poner en peligro sus propias vidas».*[3] Sin embargo, si se hace una

---

[1] SUN TZU. *El Arte de la Guerra.* Gárgola, Buenos Aires, 2005, p. 17.
[2] *Ibíd.*, p. 27.
[3] *Ibíd.*, p. 15.

lectura más subyacente de *El Arte de la Guerra* como tratado táctico y estratégico para administrar los conflictos entre los pueblos, vemos que la influencia moral es más abarcadora.

En este sentido, Sun Tzu se refiere a la influencia moral dentro de las propias huestes, ya sean estas las tropas o sencillamente el pueblo que sigue la voluntad del líder y debe soportar también los efectos de la contienda. Sun Tzu sostiene que *«El principal engaño que se valora en las operaciones militares no se dirige sólo a los enemigos, sino que empieza por las propias tropas, para hacer que lo sigan a uno sin saber adónde van.»*[4] No obstante, la influencia moral sobre el enemigo, que es el otro factor importante, depende directamente del autocontrol y la disciplina de las propias tropas: *«En primer lugar, hay que ser capaz de mantenerse firme en nuestra propia confianza (lo que normalmente se dice mantener la moral), sólo entonces se puede desmoralizar a los soldados enemigos y quitarles la presencia de ánimo a sus generales. La presencia de ánimo de un general es la propiedad más importante.»*[5], este principio depende a su vez de una actividad aún más secreta: *«se infiltran primero en las líneas enemigas, luego se descubren*

---

[4] *Ibíd.*, p. 98.
[5] *Ibíd.*, p. 63.

sus secretos, y finalmente se hacen cambiar sus corazones.»[6]

En relación con la evolución de estas actividades castrenses tendientes a influir en la moral y en el comportamiento de los individuos —idea que en parte se acerca a lo que hoy denominamos *propaganda*—, *El Arte de la Guerra* refleja una de las más destacadas cualidades acerca del carácter secreto de esta actividad que es, como se dijo, la de influir en la moral y en el comportamiento de las multitudes en virtud del beneficio propio del poder. La cualidad que tiene la propaganda de ser efectiva pero principalmente inadvertida, se transcribe a continuación, y a pesar de haber transcurrido más de dos mil quinientos años desde que se escribió el tratado que estamos analizando, esta característica se mantiene inalterable: *«Hay que ser extremadamente sutil y discreto, hasta el punto de no tener forma. Hay que ser completamente misterioso, enigmático y secreto, hasta el punto de ser imposible de percibir.»*[7]

Asimismo, una de las referencias históricas más destacadas de la antigüedad que desarrolla la propaganda como método sistemático de persuasión, la encontramos esta vez en el ámbito político hacia el siglo I a. C. En este caso, la referencia epistolar o literaria es un breviario que ha llegado a nuestro

---

[6] *Ibíd.*, p. 8.
[7] SUN TZU, *Op. Cit.*, p. 49.

conocimiento quizás de manera casual, y es el conocido *Commentariolum petitionis* de Quinto Tulio Cicerón, hermano menor del célebre orador y jurista romano Marco Tulio Cicerón. El contexto histórico refiere que Marco Tulio Cicerón aspiraba al consulado, la magistratura más importante de la república romana, y Quinto, que mantenía una frecuente correspondencia con su hermano, escribió un breviario de campaña electoral en el cual aconsejaba a Marco Tulio en cuanto a su agitada actividad proselitista que, a su criterio, debía estar sujeta necesariamente a toda clase de recursos para ganar el apoyo popular y el de los electores.

Una de las apreciaciones más destacadas que Quinto hace a su hermano consiste, desde el principio, en señalar que *«Por mucha fuerza que tengan por sí mismas las cualidades naturales del hombre, en un asunto de pocos meses, las apariencias pueden superar incluso esas mismas cualidades».*[8] En este punto es preciso comprender que esta apreciación debe ser entendida tanto a favor del candidato como en su detrimento, es decir, en poco tiempo y a pesar de gozar de una buena imagen como hombre público, Marco Tulio podía caer, por obra de sus rivales políticos o por su propio descuido, en el desprestigio ya que se trataba de un *homo novus* en los cargos

---

[8] CICERÓN, Quinto Tulio. Breviario de campaña electoral (*Commentariolum petitionis*) Sirmo Cuaderns Crema, Barcelona, 1993, p. 19.

políticos; no obstante, si él lograba conducirse de la manera más apropiada en su accionar proselitista, podía acrecentar su buena imagen como hombre público y constituirse definitivamente como el mejor candidato ante sus desprestigiados rivales.

Ante esa condición de *homo novus*, ajeno a los nobles, que se valía únicamente de su reputación como orador para aspirar a un cargo público, Marco Tulio Cicerón precisaba algo más que apoyarse en su propio prestigio como orador para asegurarse el acceso al consulado, precisaba de la aceptación de sus pares y de un sostenido apoyo del electorado y del sector popular. *«Una candidatura a un cargo público* —aconseja Quinto— *debe centrarse en el logro de dos objetivos: obtener la adhesión de los amigos y el fervor popular».*[9] El ideal proselitista que Quinto exhibe en *Commentariolum petitionis* se basa en conseguir la adhesión de la mayor cantidad de personas posibles del entorno del prosélito, tal es así que sus consejos se centran más enfáticamente en el entorno familiar y el de sus amistades *«Pues casi todo lo que se comenta sobre tu reputación de hombre público proviene de tu entorno doméstico».*[10] Asimismo, Quinto destaca la importancia de varios factores que contribuyen al apoyo popular, factores que el candidato debía resumir bajo la misma idea de

---

[9] *Ibíd.*, p. 39.
[10] CICERÓN, Quinto Tulio. *Op. Cit.*, p. 41.

aprovecharse subrepticiamente de la especulación de su interesado y popular entorno, es decir, contar con el apoyo de aquellos a quienes Marco había beneficiado, con algunos que podrían beneficiarse con su designación, con las expectativas que muchos tenían de beneficiarse y sencillamente con aquellos a quienes el candidato les había caído en gracia. En esa misma línea, Quinto detalla analíticamente la relación que Marco debía tener con cada uno de sus seguidores, identificarlos, recordarlos y tratar con deferencia a cada una de las clases que debían integrar ese gran séquito. En definitiva, mientras más abultado y variado en clases sociales resultaba su séquito, más debía aportar a su prestigio y a su popularidad. Más allá de la importancia del entorno íntimo y de la adhesión popular, Quinto hace hincapié reiteradas veces sobre la importancia que las apariencias deben tener para un candidato y advierte la especial atención que se debe poner en el séquito, porque de él se deduce la influencia del candidato.

Quinto aconseja a su hermano que ponga especial interés en conocer las características del pueblo para saber conducir su adulación y su generosidad, sin embargo, no cesa de advertirle que la multitud deja seducirse más por las apariencias y por las promesas que por los hechos concretos y los beneficios que ellos puedan obtener. *«Los hombres se dejan cautivar por el aspecto y por las palabras antes que por la realidad de su propio beneficio»*[11]

Luego, en el decurso de la historia, la *propaganda* se hizo más frecuente entre los Siglos XV y XVI (en el paso de la Edad Media a la Edad Moderna) a partir de dos hechos históricos relevantes: primero, la invención de la imprenta de Gutenberg que tuvo lugar en Alemania alrededor del año 1450 y que cambió, de manera radical, la dinámica de la difusión de las ideas; y, *a posteriori*, la transición cultural que se planteó en la confrontación entre pensamiento escolástico dominante y los humanistas, inclinados a la recuperación de la historia y de la cultura grecorromana merced de los ámbitos sociales, filosóficos y religiosos. Estos cuestionamientos filosóficos, religiosos y, por extensión, políticos de la época se valieron de los textos impresos para la divulgación del pensamiento, establecer posturas ideológicas e incluso desprestigiar a los rivales.

Entre los años 1515 y 1517 salieron a la luz en Alemania, los conocidos textos *Epistolae Obscurorum Virorum* (Epístolas de los Hombres Oscuros), una serie de cartas satíricas o ficciones cómicas destinadas a burlarse de los hábitos de los monjes pero que en realidad fueron redactadas a raíz de la disputa pública entre el fraile dominico Johannes

---

[11] *Ibíd.*, p. 73.

Pfefferkorn y el humanista Johann Reuchlin. Pfefferkorn fue un judío convertido al cristianismo que creyó posible inducir a los judíos a aceptar el cristianismo si se confiscaban sus lecturas entre las que se encontraban el *Talmud*, aunque exceptuaba en la selección a confiscar *Los Diez Mandamientos* de Moisés, los Profetas y el *Salterio del Antiguo Testamento*. Entre 1507 y 1509, Pfefferkorn escribió cuatro libros en los que sugería que *«debería prohibirse a los judíos practicar la usura; que debía obligárseles a escuchar sermones; y que sus libros hebreos debían confiscarse.»*[12] En el verano de 1509, Pfefferkorn acudió a Reuchlin en busca de ayuda para hacer cumplir una orden imperial que lo autorizaba a quemar los libros de los judíos. Ante la duda de Reuchlin y de las autoridades entre quienes se encontraba el arzobispo de Maguncia sobre la veracidad de la orden, el arzobispo prohibió preventivamente a Reuchlin prestar ayuda a Pfefferkorn.

Luego de otros intentos de hacer cumplir la orden, el asunto quedó en manos del arzobispo de Maguncia que encargó a Reuchlin responder al emperador si a su juicio sería beneficioso para la religión destruir los libros que usaban los judíos en sus prácticas religiosas. Luego de haberlos revisado, Reuchlin

---

[12] LINDSAY, Tomás M. *Historia de la Reforma*. Cap. III, P. 55.

alegó que no encontraba cosa desfavorable en las escrituras y que no era manera de tratar a los judíos quemándoles sus libros, sino provocando discusiones razonables y amables con ellos. De esta manera, Reuchlin, que era humanista y laico, apareció como desafiando a los teólogos de la Iglesia en cuanto a la interpretación teológica. En la disputa, los humanistas salieron en defensa de Reuchlin y alegaron que se trataba de un erudito que defendía la erudición genuina. En la contienda intervinieron algunos artistas que en un grabado mostraron a *«Reuchlin sentado en un carruaje engalanado con laureles en el momento en que penetra en su ciudad natal de Pforzheim. Los teólogos de Colonia marchan encadenados delante del carruaje; Pfefferkorn se halla tirado en el suelo junto a un verdugo que se apresta a decapitado; los ciudadanos y sus mujeres vestidos de gala esperan al héroe y los músicos del pueblo lo saludan con melodías triunfales, mientras tanto un digno burgués manifiesta su simpatía arrojando a un monje por una ventana.»*[13]

Luego salieron publicadas una recopilación de epístolas con el nombre de *Epistolae Clarorum Virorum* (Epístolas de los Hombres Ilustres) que consistían en cartas de hombres ilustres que certificaban la erudición de Reuchlin. Mientras la

---

[13] *Idem.*

controversia se hacía cada vez más álgida, un grupo de humanistas de Erfurt decidió publicar, a modo de parodia, las *Epistolae Obscurorum Virorum* (Epístolas de los Hombres Oscuros), una suerte de sátira epistolar dirigida a los oscurantistas enemigos de Reuchlin para desprestigiarlos y para dejar en evidencia su falta de erudición y su desconocimiento de los estudios clásicos, además de burlarse de su literatura escolástica y de la devaluada latinidad de sus teólogos que era parodiada en las cartas. El lado pintoresco descrito por Lindsay refiere que en ocasiones el libro fue tomado como un libro verdadero: *«Sin duda alguna consiguieron cubrir de ridículo a los adversarios de Reuchlin, muy especialmente cuando algunos de los oscurantistas no llegaron a comprender la sátira y consideraron las cartas como relatos genuinos de los puntos de vista con que ellos simpatizaban. Algunos de los frailes mendicantes de Inglaterra acogieron con simpatía un libro contrario a Reuchlin, y un prior dominico de Brabante compró varios ejemplares para enviar a sus superiores.»*[14] El tono de estas cartas es el de la literatura paródica de la Edad Media, de un humor atrevido e irónico de la literatura cómica latina, de las disputas y diálogos paródicos y de las crónicas paródicas que se burlaban del adversario degradando

---

[14] LINDSAY, Tomás M. *Op. Cit.*, P. 56.

su moral y desprestigiándolo públicamente. Sus autores poseían un cierto grado de instrucción —en algunos casos muy elevados—, como es el caso del *Elogio a la locura* y de las *Epistolae Obscurorum Virorum* que se trataban de obras en latín que circulaban entre el vulgo pero que, principalmente, eran muy conocidas en los ámbitos académicos de las universidades y de los colegios, de los monasterios, y en todo ámbito en el que se cultivaba el latín, incluso en el extranjero en donde el latín se constituía como *lingua franca*.

En esos años y en esa misma sociedad germana de la invención de la imprenta y de las cartas paródicas de los Hombres Oscuros se inició la disputa entre Martín Lutero y la Iglesia Católica. Un hecho primordial estableció el enfrentamiento cuando Lutero redactó un manuscrito en latín con una serie de cuestionamientos a la Iglesia conocidos como *Las noventa y cinco tesis* que su propio autor hizo públicas la noche del 31 de octubre de 1517 clavándolas en la puerta de la Iglesia del castillo de Wittenberg. Sus tesis, que luego fueron impresas y publicadas, se hicieron increíblemente populares y provocaron una gran consternación en las más altas esferas de la Iglesia Católica y en la numerosa sociedad cristiana, por criticar, e incluso negar, la autoridad Papal, y por cuestionar la manera de cómo la Iglesia Católica abusaba económicamente de una población tan dependiente de la Fe en un momento en que la peste planteaba una epidemia de muerte en las poblaciones europeas.

La Iglesia Católica, que debía costear los obscenos gastos que demandaba la Basílica de San Pedro, vendía literalmente las *cartas de indulgencias*[15] a cambio de dinero, además de prometer la Salvación y la Vida Eterna a cambio de un diezmo que no era negociable ni opcional. Ante la actividad desafiante de Lutero, que además de *Las noventa y cinco tesis* compendió otros escritos, el Papa León X le exigió retractarse, pero ante la negativa del reformador, el Papa le envió una bula de excomunión que Lutero mismo echó a la hoguera. Posteriormente, Lutero viajó a Worms para enfrentar a las máximas autoridades religiosas y políticas de Alemania saliendo a salvo de la audiencia luego de su negación a retractarse y hasta desafiando a la Iglesia manteniendo su postura. De ahí en más, Lutero enfrentó a la Iglesia Católica valiéndose de una de las armas más efectivas de las que podía valerse en su situación: la imprenta y la propagación de sus cuestionamientos a la Iglesia y sus ideales. Junto con la propagación de *Las noventa y cinco tesis*, Lutero

---

[15] El Papa León X, amante del esplendor y las artes y necesitado de mucho dinero para la magnificencia de su corte, había hecho predicar indulgencias en los años 1514 y 1516, es decir, indulgencia plenaria o indulto de las penas que la Iglesia impone a los hombres por sus pecados, a cambio de una cantidad de dinero previamente determinada (Fliedner, 2002)

imprimió textos breves a modo de panfletos y libelos dirigidos a concientizar a la nobleza cristiana de Alemania, por tener ellos intereses económicos en común con la Iglesia Católica, buscando debilitar el apoyo del poder económico y político de la Iglesia y asegurándose asimismo una cantidad de aliados poderosos entre quienes encontró a su protector, Federico El Sabio, que interesado en sus ideas lo hizo la principal figura de su nueva universidad de Wittenberg.

Los textos de Lutero se caracterizaron por la brevedad y por el lenguaje directo, accesible, fuerte e irónico, además de ir acompañado de gráficas que ponían en evidencia al Papa teniendo una suntuosa existencia producto de la corrupción económica de la Iglesia y demonizándolo —como suele hacerse en las técnicas propagandísticas en el presente—, asociándolo con figuras demoníacas en un entorno en ocasiones infernal y a veces apocalíptico. Uno de los grabados es un dístico que muestra en el lado derecho a Jesús echando a los mercaderes del Templo, y del lado izquierdo muestra al Papa enriqueciéndose con los mercaderes, haciendo negocios con la venta de las *cartas de indulgencia*. Desde un principio, Lutero criticó en sus escritos temas estructurales de la Iglesia poniendo en evidencia, desde la interpretación de las escrituras, la corrupción que reinaba en las más altas esferas de la institución religiosa y la leonina interpretación que la Iglesia hacía de las Sagradas Escrituras para beneficiarse. Entonces, la Iglesia Católica, el Papa, las indulgencias y la doctrina católica se transformaron en los objetivos de los sostenidos cuestionamientos de sus escritos tanto en libros y libelos, como así también en los gráficos que los textos contenían.

Lutero hizo de su propaganda y casi sin quererlo —puesto que, según él mismo, lo único que pretendía era predicar y enseñar la palabra de Dios según su entendimiento— un solo y masivo corpus que comprendió las tesis, los panfletos, los grabados, los libros, sus cuestionamientos e ideas expuestas en conferencias que atraían a una gran multitud, pero por sobre todo quedó en evidencia la corrupción maliciosa de la Iglesia Católica y el oneroso uso que hacía de las *cartas de indulgencias* en aquel contexto social. El resultado fue una concientización a gran escala de la amplia población religiosa acerca de los manejos de la Iglesia, y el interés y seguimiento de las nuevas ideas religiosas de Lutero, incluso por parte de sacerdotes y monjas que abandonaron las filas de la Iglesia Católica para unirse al movimiento reformista. La vida religiosa ya no volvió a ser la misma después de Lutero ya que la gente misma decidió abandonar a la Iglesia Católica e iniciar una nueva congregación religiosa que derivó en lo que hoy conocemos como La Reforma Protestante. De esta manera, tanto las

Epistolae Obscurorum Virorum como el pensamiento de Lutero y sus métodos de persuasión impulsaron una verdadera revolución no sólo en el ámbito religioso, sino también en los ámbitos políticos y sociales que desencadenaron la Reforma y que inauguraron un siglo de disturbios, de revueltas y de cambios.

Jacques Driencourt refiere que *«La propaganda demostró ser tan útil, y la política está tan íntimamente ligada a la religión, que la Iglesia decidió organizar su empleo.»*[16] Entre 1572 y 1585, Gregorio XIII había reunido en varias oportunidades una comisión para la propagación de la Fe, que tenía como finalidad fundar seminarios en el extranjero y hacer imprimir catecismos y otras obras apostólicas en distintos idiomas. En 1622, el Papa Gregorio XV creó, por medio de la Bula *Inscrutabili Divinae* del 23 de junio, la *Sancta Congregatio de Propaganda Fide* (Santa Congregación para la Propagación de la Fe) que se ocuparía de pregonar las ideas religiosas en todo el mundo. Uno de los aspectos más relevantes a considerar consiste en que las instituciones religiosas eran, por excelencia, los principales órganos de difusión de las ideologías por ser los clérigos, casi exclusivamente, los únicos que sabían leer y escribir y eran ellos quienes conformaban casi la totalidad del

---

[16] DRIENCOURT, Jacques. *La propaganda, nueva fuerza política.* Ed. Huemul. Buenos Aires, 1964, p. 65.

personal religioso abocado a la enseñanza. La institucionalización de esta congregación fue uno de los pasos más importantes que dio la Iglesia Católica no sólo para la propagación de sus ideas y la organización de su instrucción pastoral, sino que también para tener una gran influencia en la formación cultural, filosófica y religiosa de casi todas las sociedades occidentales. El hecho de ser la Iglesia la formadora de muchas de estas sociedades le posibilitó tener, en primer lugar, la hegemonía en la formación de las clases influyentes que accedían a la educación y al poder, luego desde sus cátedras y desde la organización tuvieron una gran injerencia en el ámbito político.

La revolución de la propaganda

Uno de los aspectos que más caracteriza a la propaganda es el de progresar y adaptarse a la evolución de los medios que desde siempre han administrado la información y las comunicaciones. Históricamente, a medida que los medios se han ido modernizando, la propaganda ha buscado la manera de adaptarse, evolucionar y hacerse cada vez más efectiva. Con la aparición de la imprenta proliferaron los libelos y los libros políticos y religiosos, pero a partir de las primeras décadas del Siglo XVII se organizó el correo y aparecieron formalmente las primeras gacetas que el cardenal Richelieu de inmediato utilizó a su favor con finalidades políticas. No obstante, no fue hasta el reinado de Luis XIV que se intensificó el uso de la propaganda —como secuela del indiscutible apogeo cultural francés de la época— y se la integró definitivamente al uso oficial y a la política. El francés Jacques Driencourt explica dicha evolución de la aplicación de la propaganda del rey en consonancia con el apogeo cultural francés:

> «Luis XIV fue un jefe de publicidad sin igual, que nunca despreció una ocasión de alentar a un artista, de enviar una embajada o de hacer acuñar una medalla. Europa, que había combatido su política invasora, aceptó la supremacía de la literatura y del arte a los que le dio su nombre. Soñó con Versalles, como soñó con las catedrales, buscó a nuestros arquitectos y a nuestros pintores, copió nuestros estilos en sus monumentos y sus palacios. El francés se convierte en lengua universal, en la de los tratados internacionales, en la de las Cortes y los salones. En el continente surge un espíritu europeo de base francesa».[17]

En cambio, la situación en relación con el sucesor de la corona, Luis XV, cambió de manera radical debido a que la monarquía francesa se vio obligada a reaccionar en contra de la propaganda de la época que de manera insidiosa y solapada desprestigiaba —en muchos de los casos justificadamente— el régimen y la autoridad real. Tal fue la maraña de rumores que involucró a Luis XV y la marquesa de Pompadour por parte de varios consejeros del parlamento, que desencadenó en el atentado de Damiens, un criado que influenciado por los rumores intentó acuchillar al rey una noche de febrero de 1757. A partir de este hecho

---

[17] DRIENCOURT, Jacques. *Op. Cit.*, pp. 67- 68.

se prohibió formalmente la redacción y difusión de cualquier escrito contrario a la autoridad o susceptible de alborotar a la opinión pública; sin embargo, esta declaración no tuvo efecto alguno debido a que no fue capaz de evitar la proliferación de propaganda clandestina que envolvía a la decadencia del rey.

Luego, durante el reinado de Luis XVI, las intenciones de prohibir la propaganda ideológica continuaron, como así también los vanos intentos de Vergennes que intentaba contrarrestarla desde los medios de prensa. Finalmente la propaganda terminó filtrándose en todos los aspectos culturales de la sociedad francesa: en las artes pictóricas, en la literatura, en la filosofía, en el teatro politizado, en la música, y en los medios más informales como gacetas clandestinas, panfletos y reuniones de comités. Por mucho que intentaron detener a la propaganda ideológica nunca pudieron conseguirlo; y mucho menos desde el gobierno nunca pudieron frenar la influencia de la propaganda de los intelectuales que ponían en evidencia la corrupción al mismo tiempo que exponían sus ideas a toda la sociedad.

Jean Marie Domenach nos refiere que la nueva propaganda de esa época adolece de un carácter totalitario debido a la combinación de las ideologías con la política, *«no se trata ya de una actividad parcial y pasajera, sino de la expresión misma de la política en movimiento, como voluntad de conversión, de conquista y de explotación.*»[18] De esta manera se conjugan la nueva propaganda política y el surgimiento de las grandes ideologías políticas de la Edad Moderna: desde el jacobinismo de la Revolución Francesa, hasta el marxismo y el fascismo del Siglo XX, producto de la combinación de los enfrentamientos de naciones y bloques de naciones, y de las luchas de clases.

Durante la Revolución Francesa, la propaganda adquirió dos características que la definen y que perduran hasta nuestros días: la propaganda tuvo un fuerte sentido sectario proselitista semejante a una verdadera religión política; y luego, comenzó a coordinarse para que todas sus acciones conjuntas logren el objetivo de influencia deseado. Esta nueva propaganda política, que se consolidó a partir de la Revolución, se caracterizó por la agitación, el fanatismo y el poder de persuasión que logró alcanzar. Entonces, gran parte de la sociedad francesa masificada, presa de un sentimiento revolucionario, se apoyó en un dogma universal: el del hombre natural en armonía en su propio medio y hacedor de su felicidad.

> «Por primera vez una nación se liberaba y se organizaba en nombre de una doctrina considerada

---

[18] DOMENACH, J.M. *La propaganda política.* EUDEBA. Buenos Aires, 1950, p. 8.

inmediatamente como universal. Por primera vez una política interior y exterior era acompañada por la expansión de una ideología, y por eso mismo, la propaganda emanaba de ella naturalmente.»[19]

La propaganda política promovió una verdadera revolución fundamentada en un dogma universal que se dirigió al hombre natural y lo persuadió de alcanzar su ideal universal.

La propaganda de la Revolución Francesa se organizó en los clubes, en las asambleas, y en los comités, que fueron los espacios desde donde salieron los primeros discursos políticos. Entonces los organizadores crearon, de manera esmerada, la simbología que sirvió para amalgamar a todo un pueblo que se identificó con ella ya que representaba un mismo sentimiento, la misma concepción ideológica y la misma finalidad política y patriótica. Los organizadores de la Revolución no sólo propagaron el conocido *slogan* con los valores de *Igualdad, Fraternidad y Libertad*, sino que además crearon la bandera tricolor (que con el rojo y el azul simbolizan los colores parisinos, y con el blanco a la monarquía); crearon la escarapela que a su vez simbolizó la creación de la nueva bandera; compusieron la Marsellesa como himno patriótico; y además trabajaron sobre la vestimenta: *«La fiebre del*

---

[19] *Idem.*

patriotismo transforma el vestido y lo hace un uniforme: no se ven más que charreteras, penachos, dragones, escarapelas, bicornios, una verdadera infatuación cívica en que cada uno descubre en sí mismo a un héroe y quiere aparecer como soldado de la República.»[20] Luego promovieron símbolos entre los patriotas como el gorro frigio (símbolo de la libertad) y el de Marianne con el gorro frigio como símbolo de la Patria liberada que explica el tema del conocido retrato de Eugène Delacroix de *La Libertad guiando al pueblo*.

Asimismo, los artistas crearon una cantidad de obras pictóricas como *La muerte de Marat* y *Charlotte Corday*; y los intelectuales escribieron obras filosóficas, políticas e históricas de la época[21] que gozaron de una gran aceptación popular como *El Espíritu de las Leyes* de Montesquieu, *Ensayo sobre las costumbres y el espíritu de las naciones* de Voltaire, y el *Contrato social* de Rousseau. Esto constituyó el marco de una sociedad sensibilizada y movilizada por *«los propagandistas revolucionarios que hicieron un uso hábil, frecuente y grandioso de las grandes fiestas nacionales reuniendo a las masas*

---

[20] *Ibíd.*, p. 75.

[21] De acuerdo con la distinción de las tres capacidades cognitivas –razón, memoria e imaginación– establecidas, el árbol recoge los tres tipos más importantes de conocimiento en tres ramas principales: la filosofía, la historia (en el sentido amplio de todo conocimiento empírico de los hechos ocurridos) y las bellas artes. (HÖFFE, 2003)

populares alrededor de múltiples alegorías y símbolos, y por sobre todo, tuvieron mucho cuidado en poner a la prensa a su servicio exclusivo.»[22] Desde un período anterior a la Revolución, la propaganda se había vuelto masiva y organizada, había dejado de ser esporádica para volverse planificada, sistemática y continua, y se destacó por su fuerte fanatismo proselitista. Pero además, y como puede apreciarse, la propaganda de la Revolución lo abarcó todo: abarcó la simbología, la vestimenta, las fiestas populares, la pintura, la literatura, la filosofía y la religión entre muchos otros aspectos culturales de la época.

La propaganda de la Revolución Francesa tuvo principalmente un marcado carácter ideológico que se valió de la filosofía política y social de la ilustración francesa. Voltaire, Rousseau y Montesquieu fueron los principales teóricos políticos que gestaron una ideología fundamentada en los derechos naturales del hombre, teniendo el Estado la misión de defender sus derechos, de garantizar su libertad, su seguridad y su propiedad. Voltaire creó un verdadero público político para los nuevos temas de la época: la razón, la tolerancia y la libertad; como así también creó un público para la crítica a la autoridad detentada por el rey, por la burocracia y, todavía más, por la Iglesia Católica. En las *Cartas persas*, Montesquieu criticó

---

[22] DRIENCOURT, Jacques. *Op. Cit.*, p. 75.

las costumbres europeas, en particular *«las numerosas guerras civiles entre cristianos así como la Inquisición y el papado. El escrito* Sobre el espíritu de las leyes *(De l'esprit des lois, 1748) contiene una filosofía del Estado, pero no en el sentido de una teoría legitimadora, sino de una sociología política y una etnología legal comparada (antropología del derecho). En él defiende un principio de la ética política según el cual todo poder requiere un contrapoder, ya que induce al abuso:* "le pouvoir arréte le pouvoir" *(el poder refrena al poder).»* [23] Rousseau, por su parte, fue uno de los antecesores de la modernidad y de la antimodernidad al mismo tiempo, *«una fuente de inspiración para la Revolución Francesa así como para la posterior Restauración. A pesar de su ardorosa protesta contra la tiranía* —"El ser humano ha nacido libre y se halla encadenado en todas partes"—, *no desarrolla apenas en su* Contrato social *(1762) las ideas progresistas de Pufendorf, Locke y Montesquieu sobre los derechos del hombre y la división de poderes.»* [24]

Este marco ideológico planteó una nueva concepción de la vida y del mundo que, como propuesta filosófica, venía a llenar el vacío de la desilusión propulsando la ruptura con el orden

---

[23] HÖFFE, Otfried. *Breve historia ilustrada de la filosofía.* Ediciones Península. Barcelona, 2003. P. 197.

[24] *Ibíd.,* pp. 200 – 2001.

anterior, y que, como nuevo pensamiento, trajo la esperanza, la motivación y promovió el cambio que se hacía cada día más inminente. En líneas generales, fueron estas algunas de las ideas fundamentales que gestaron una revolución ideológica que, adoptada y propagada por la burguesía y por el pueblo, fue la que carcomió desde la cultura, las políticas del régimen absolutista que imperaron hasta el período de la Revolución Francesa.[25] Luego de consolidado el triunfo del pensamiento ilustrado en Francia que sirvió además para fundamentar, justificar y sostener la Revolución desde los medios, lo más interesante al respecto consiste en que esta reformulación del universo social que impulsó la Revolución Francesa se trasladó definitivamente a la política y a la sociedad guiada de la mano de la propaganda.

El rol de la propaganda ideológica de la Revolución fue tan efectivo que, una vez que los revolucionarios llegaron al poder, se dedicaron a prevenir denodadamente que la fuerza opositora, los contrarrevolucionarios, pudieran usarla. Driencourt nos refiere que en agosto de 1792, se dictó un decreto por el cual *«los envenenadores de la opinión pública tales como los autores de diversos periódicos contrarrevolucionarios serán arrestados y sus imprentas, caracteres e instrumentos, serán*

---

[25] Tómese aquí el término Revolución Francesa como período más abarcador que comprende también los años anteriores y posteriores a la revolución.

distribuidos entre los impresores patriotas.»[26] Sin embargo esta no fue la única medida que adoptó el nuevo gobierno, sino que además sancionó un decreto por el cual ordenaba la creación de un organismo del Estado encargado de la administración de la propaganda gubernamental que dependiera de manera directa del Ministerio del Interior. Asimismo, el gobierno emprendió una exhaustiva campaña de propaganda ideológica en el interior que comprendió el envío de emisarios encargados de distribuir los impresos oficiales a la población. Volkogonov explica que el efecto de la propaganda y la manipulación adquirieron tal fuerza que *«ni los jefes militares podían dejar de tenerla en cuenta. Por ejemplo, la opinión de Napoleón respecto del papel que desempeñan los periódicos: "Cuatro diarios pueden causar al enemigo mayores daños que un ejército de cien mil hombres". Las clases gobernantes obtuvieron amplias posibilidades para falsificar los acontecimientos y los hechos, callar lo inconveniente, desinformar a los lectores. La prensa se convirtió en una poderosa arma de la burguesía en la lucha de clases».*[27]

Entonces la propaganda ideológica lo abarcó todo: en todo ámbito gubernamental o castrense, en cada

---

[26] HÖFFE, Otfried. *Op. Cit.*, p. 76.
[27] VOLKOGONOV, Dimitri. *Guerra Psicológica*. Editorial Progreso. URSS, 1986, p. 69.

medio impreso dirigido a la población, en la filosofía, en la religión y en las artes se estableció el control ideológico de la opinión pública. En estos eventos históricos y en la consolidación de la propaganda como constitutiva del poder político, a veces como arma política para golpear al enemigo, en ocasiones como un instrumento político para manipular la opinión pública a su favor, pero por sobre todo como parte integrante de la ideología del poder, es que Domenach fundamenta que la nueva propaganda adolece de un carácter totalitario, en esa combinación de las ideologías con la política que la hace no ya una actividad parcial y esporádica, sino una expresión totalizadora y constitutiva de la política a partir del Siglo XVIII.

La propaganda en la Guerra de Secesión

El aspecto más interesante acerca de la propaganda de la Guerra de Secesión no es que haya sido una propaganda de revolución moderna, sino que más bien se constituyó como la primera propaganda moderna de guerra. Desde Sun Tzu hasta mediados del Siglo XIX, no puede hablarse con certeza acerca de la utilización de la propaganda de guerra propiamente dicha, si bien podemos mencionar algunos casos aislados de una propaganda difusa, de efectividad dudosa y principalmente limitada en recursos durante las guerras, no podemos decir que se trate de una propaganda de guerra evolucionada y procedimental con recursos numerosos, que sea capaz de poner a su disposición los medios de información y de comunicación para constituirse como arma fundamental en apoyo a las actividades políticas y castrenses durante un conflicto bélico como ocurrió durante la Guerra de Secesión Estadounidense.

Una de las novedades más destacadas de esta guerra que contribuyeron definitivamente a la evolución de la propaganda fue el uso de la fotografía. Podemos decir, sin entrar en detalles técnicos e históricos, que la invención de la fotografía se le atribuye a Luis Daguerre y que data del año 1839. A más de veinte años de esta fecha, entre 1861 y 1865, en Estados Unidos se desarrolló la guerra entre la Unión del Norte y los Estados Confederados del sur que habían autoproclamado su independencia. Sin considerar demasiado sus aplicaciones, los primeros usos de la fotografía se limitaron al ámbito privado, a la curiosidad artística y el retrato de unos pocos privilegiados hasta que comenzó a usarse para retratar otros fenómenos, entre ellos, los escenarios de la guerra.

El fotógrafo inglés Roger Fenton fue el primero en tomar algunas fotografías de la Guerra de Crimea (1853-1856) en el campo de batalla una vez finalizada la acción. Luego, James Robertson lo sucedió sacando tomas de significativa importancia (por la crudeza que contenían) de la caída de Sebastopol. Asimismo, el fotógrafo italiano Felice Beato consiguió tomas similares durante la Segunda Guerra del Opio, como ser, la particularmente conocida fotografía donde aparecen algunos soldados muertos tomada desde el interior del Fuerte Norte de Taku después de su captura en 1860. Durante la Guerra de Crimea, la

Reina Victoria quiso promover la guerra a favor del Imperio por lo que las fotografías fueron censuradas debido a que no podían existir muertos como consecuencia del conflicto si se promovía una buena causa.

La singular diferencia entre las fotografías tomadas durante los antecedentes mencionados en comparación con las que fueron tomadas durante la guerra civil de los Estados Unidos consiste en que estas últimas, en cierto sentido, no fueron censuradas: las escenas de muerte, el horror, el pillaje y la destrucción durante la Guerra de Secesión fueron fotografiados y exhibidos de una manera inédita. A pesar de que estas fotografías nunca fueron publicadas en los periódicos —debido a que los medios de la época carecían de la técnica para su publicación— sí fueron mostradas en exhibiciones públicas y constituyeron una fuente de inspiración para dibujos y grabados de la época.

No obstante, un rasgo característico de las fotografías de la Guerra de Secesión es que era habitual que los fotógrafos compusieran las escenas que iban a retratar, por ejemplo, era frecuente que montaran las escenas agregando soldados que voluntariamente yacían en el suelo entre los muertos para agregar dramatismo a las tomas; o los mismos fotógrafos, a falta de cuerpos, trasladaban los cadáveres de un lugar a otro para retratarlos como si se tratasen de más víctimas de la contienda. Entonces, la finalidad de la cobertura de la Guerra de Secesión por ambas partes fue la de acercar la calamidad a la población con la mayor impiedad para demostrar, entre otras cosas, las crudas consecuencias del accionar militar, victimizarse o demonizar al rival.

Durante la Guerra de Secesión, numerosos fotógrafos fueron empleados por los gobiernos de la Unión y de la Confederación para fotografiar los sucesos de la guerra. La temática fue más variada e incluyó el retrato de los soldados, de los oficiales, de los prisioneros, de las ejecuciones, de la rutina de guerra, de las fortificaciones y de los campos de batalla una vez terminadas las acciones militares. Todos escenarios estáticos donde los «modelos» debían quedarse quietos por varios segundos al momento de sacar las fotografías, por esa razón es que los fotógrafos no podían retratar las acciones de las batallas como sí podían hacerlo los dibujantes y los artistas.

En una publicación reciente de la revista National Geographic[28] hace una recopilación de los bocetos que algunos artistas dibujaron durante la guerra civil. La mayoría de ellos eran artistas y hombres de profesiones varias que, entusiasmados por los hechos

---

[28] National Geographic. La Guerra de Secesión Estadounidense: Bocetos del campo de batalla, 2021. https://historia.nationalgeographic.com.es/a/guerra-secesion-estadounidense-bocetos-campo-batalla_5901

de la guerra, buscaban aventura o ganar dinero con la venta de sus ilustraciones; otros artistas, en cambio, eran verdaderos corresponsales de guerra enviados por los medios que cubrían los hechos del conflicto armado. Los bocetistas debían actuar rápido ya que primero identificaban el foco de la contienda para ponerse a trazar un esbozo a mano alzada que luego completaban en el campamento o en un lugar seguro. El riesgo que corrían era indescriptible y muchos de ellos perdieron la vida retratando los escenarios de la guerra con la mayor fidelidad posible.

Si bien algunas publicaciones buscaban la neutralidad como fue el caso del *Frank Leslie's Illustrated Newspaper* de Nueva York, quienes intentaban retratar con la mayor veracidad posible la realidad de los hechos tal como sucedían; por otra parte, otras publicaciones como las de *Harper's Weekly* contenían una evidente producción en favor de la ideología republicana y abolicionista, cuestión que le daba una parcialidad evidente que llegaba a irritar a los sectores secesionistas del sur. No obstante esto, los bocetos que los artistas realizaban eran de lo más variado y comprendían representaciones de las escenas de las batallas, retratos de la vida de los soldados en los campamentos, caricaturas con las cuales se ridiculizaba a los Confederados o como en el caso de un artista que indignado retrató el vandalismo que cometían las fuerzas de la Unión durante la Batalla de Fredericksburg en Virginia. Debido a que los medios de la época decidían qué material publicar y cómo, muchas de las fotografías y bocetos fueron censurados o modificados al momento de confeccionar los grabados que servían para la impresión de los periódicos como manera de atenuar los efectos, ocultar la verdad de los hechos o de simular fortaleza y un liderazgo verdadero.

El resultado final fue que la guerra civil de los Estados Unidos fue la guerra más retratada y promovida a través de sus fotografías y bocetos como nunca hasta ese momento se había hecho. Desde un principio de la contienda, ambos bandos se habían dedicado a exacerbar los ánimos de sus compatriotas, como ser, para romper de manera definitiva con los Confederados, la Unión del Norte promovió la abolición de la esclavitud con el conocido libro *La cabaña del Tío Tom* de la autora abolicionista Harriet B. Stowe. En el libro se trata de manera cruda y dramática la realidad de la esclavitud enfatizando en el mal que causaban con la separación de las familias, la pérdida de la libertad y el sometimiento y maltrato de los esclavos. Panfletos, afiches, periódicos, grabados, libros, caricaturas y fotografías formaron parte de la propaganda que mantuvo la tensión durante cuatro años hasta el final de la guerra, cuando se publicó una caricatura titulada Scott's Great Snake que describía el Plan Anaconda que terminaría con la Confederación y con la guerra.

Desde el inicio, tanto la propaganda abolicionista como la sureña agitaron los ánimos de la gente de tal manera que se hizo casi imposible el entendimiento entre ambos bandos hasta el final de la guerra. La propaganda de guerra de la mano de la fotografía y de los recursos gráficos que ya se empleaban en la época se constituyó en una propaganda más técnica y procedimental con una relevancia fundamental para justificar las decisiones políticas y castrenses. Así, la propaganda hacia fines del Siglo XIX se consolidó como parte constitutiva de la guerra y se desarrolló en un sentido más manipulador, poniéndola al servicio de la tergiversación de la verdad a través de las sensaciones que las imágenes provocaban —en muchas ocasiones montadas o recreadas— para causar determinados efectos psicológicos en el observador. Esta es una propaganda al servicio de la exageración, de la exacerbación de las pasiones, de la irracionalidad y de los sentimientos de fanatismo partidarios de la guerra, que promueve tensiones, divisiones, intolerancia y más dolor, una propaganda basada en el engaño y en la manipulación.

El siglo de la consolidación

El Siglo XX fue un siglo decisivo para la constitución y la consolidación final de la propaganda en el mundo. Fue el siglo de los avances tecnológicos y de la revolución de las comunicaciones. En el último tercio del Siglo XIX situamos los progresos que derivaron de la Revolución Industrial y con ellos en el desarrollo tecnológico de las telecomunicaciones como así también la invención del cinematógrafo. En la primera mitad del Siglo XX establecemos la aparición de la radio y de la televisión como medios de información que revolucionaron esa centuria y que potenciaron la eficacia de la llegada de la información a la teleaudiencia. Estos adelantos fueron rápidamente incorporados a las organizaciones ya establecidas desde el Siglo XIX, las agencias de noticias, capaces de diseminar la información en numerosos países alrededor del mundo en pocas horas. Algunos de los adelantos tecnológicos como el cable, el telégrafo, el teléfono y las emisiones radiales contribuyeron sin lugar a duda a esta modernización y a darles más dinamismo y eficacia a la distribución de la información en manos de esas agencias. Sin embargo no fue hasta nuestra época, de la aparición de la telefonía celular e Internet, que estuvimos ante una verdadera revolución de las comunicaciones que nos conectó de manera instantánea en cualquier parte del mundo en el momento que lo deseemos y desde el lugar en el que nos encontremos.

Estos adelantos tecnológicos, que se dieron durante el Siglo XX, influyeron de manera decisiva en el desarrollo y en la consolidación de la propaganda como medio de persuasión organizada en las sociedades del mundo. Pero el aprovechamiento de los medios de comunicación, la tecnología, la constitución organizativa y la eficacia de la propaganda no se vio hasta que se desarrolló la Primera Guerra Mundial a partir de julio de 1914. La Gran Guerra (como se la llamó en un principio) fue el primer hecho histórico del Siglo XX en el cual podemos situar la consolidación de la propaganda moderna organizada ya que algunos de los países intervinientes, en mayor o menor medida, con mayor o menor efectividad también, crearon departamentos dedicados a la administración de la propaganda de guerra. Del lado de los aliados, Francia fue el país que *a posteriori* de su período de revolución había creado un organismo encargado de la administración de la propaganda gubernamental con competencia en la política interior y exterior. En el período de la Primera Guerra, Francia ya contaba con cuatro departamentos de propaganda encargados cada uno de su actividad dentro y fuera de la nación: la propaganda en el extranjero, la prensa francesa, los periódicos extranjeros y la guerra psicológica contra el enemigo. Cada uno de estos departamentos funcionaba de manera independiente, con una relativa y variada eficacia comparada con los Estados Unidos que, por su parte, tuvo una organización mucho más eficiente que el resto de las fuerzas aliadas. A pesar de haber intervenido poco más de un año y medio en el conflicto, el país norteamericano contó con una organización creada pocos días después del inicio de su intervención en la contienda. Fue entonces cuando creó el *Committee on Public Information*, un comité cuya función consistió en censurar la información útil para el enemigo y promover todas las actividades de la propaganda de guerra durante el conflicto. El comité se organizó en dos departamentos principales: uno encargado de mantener la moral de la nación norteamericana y de su debida información; y otro departamento encargado de informar y promover los ideales norteamericanos entre los países aliados y neutrales. Gran Bretaña, por su parte, contó con una organización que suministró una de las propagandas más eficientes durante el período de la guerra. Su organización se dividió en tres oficinas que trabajaron de manera coordinada: la Oficina de Propaganda de Guerra que en un principio estuvo encargada de suministrar la propaganda en el exterior; la Oficina de Prensa encargada de gestionar la información dentro de la Gran Bretaña; y la *Foreign Office* que estaba encargada de la gestión de la información en el ámbito diplomático y que procuraba, por medios múltiples, promover la causa británica en todo el mundo. Del lado de las potencias centrales, el Imperio Alemán contaba con una organización de propaganda administrada en varios departamentos al igual que sus potencias aliadas, no obstante, no contaron con la misma eficacia y efectividad comparada con la propaganda de los países aliados.

A propósito de la falta de efectividad de la propaganda de guerra alemana durante la Primera Guerra fue que, años más tarde, el mismo Adolf Hitler plasmó su mordaz crítica en el Capítulo Sexto de su libro *Mein Kampf* (Mi Lucha) en el cual expresaba: «*¿Existió en realidad una propaganda alemana de guerra? Lamentablemente debo responder que no. Todo lo que se había hecho en este orden fue tan deficiente y erróneo desde un principio, que no reportaba provecho alguno y, a veces, llegaba a resultar hasta contraproducente*».[29] Hitler criticó que

---

[29] HITLER, Adolf. *Mi Lucha*. Primera Edición electrónica. Jusego-Chile, 2003, p. 108.

en el campo de batalla, la propaganda de guerra británica y estadounidense demostraron ser superiores a las demás por la percepción que las propias tropas aliadas tenían de un enemigo que supuestamente era más agresivo y superior. La idea que los soldados británicos y norteamericanos tenían de los austríacos y alemanes era la de soldados más fuertes y feroces, pero una vez que los aliados estuvieron ante el enemigo lo percibieron muy similares a ellos mismos, lo que los llenó de confianza y de valor a la hora de la lucha. Por el contrario, la propaganda austríaca y alemana habían ridiculizado tanto al enemigo con caricaturas y con historias que los desvalorizaba, que entonces cuando los soldados imperiales lucharon contra el enemigo británico y norteamericano percibieron un adversario lleno de valor que los enfrentó de igual a igual, lo que los hizo sentirse engañados y los llenó de desilusión ante la información errónea que su propio Estado les había proporcionado. *«Así fue cómo el soldado inglés —explicaba Hitler— jamás tuvo la impresión de haber sido falsamente informado desde su país, muy al contrario de lo que sensiblemente ocurría con el soldado alemán, que acabó por rechazar en general como "embustes" las informaciones que recibía desde la retaguardia».*[30]

---

[30] HITLER, Adolf. *Op. Cit.*, p. 111.

La propaganda alemana en el extranjero no fue menos deficiente, porque en general careció de una organización sólida y de un plan de acción sustentado en la influencia psicológica. En un principio, los alemanes promovieron algunos tópicos que resultaron inocuos a las demás naciones tanto neutrales como enemigas. En cambio, las fuerzas aliadas —sobre todo los británicos, los franceses y los norteamericanos— contaron con una organización más eficiente con planes de acción coordinados con los cuales lograron influenciar de manera más efectiva en la teleaudiencia neutral. Primero lo hicieron Gran Bretaña y Francia, y luego, cuando los Estados Unidos se incorporó a la contienda contribuyó con una maquinaria de propaganda altamente eficiente que contó con una comunicación bien coordinada entre las agencias de prensa y el periodismo, que produjo una prolífica influencia propagandística a través de los medios de comunicación. Estados Unidos contribuyó con una copiosa producción de libros, películas, fotografías y artículos periodísticos que ayudaron a difundir el mensaje aliado en la opinión pública del mundo. Por otra parte, aunque no tan eficiente como las fuerzas aliadas, los alemanes también contaron con adelantos tecnológicos similares que incluyeron la telefonía inalámbrica y las emisoras de radio como la *Nauen* que transmitía para otros países los mensajes de la propaganda germana que incluían los reportes diarios de las actividades de guerra. Asimismo, los alemanes hicieron una amplia difusión de folletos, fotografías y artículos periodísticos que resultaron ineficientes ante la organización y la planificación de una temática aliada bien definida que suministraban a la opinión pública extranjera.

Los medios de propaganda que ambos bandos manejaban eran similares. Si bien la radio y el cine eran una novedad tecnológica que se utilizó durante la Primera Guerra Mundial, su aplicación aún era limitada ya que todavía no se habían constituido como medios masivos de información y sólo una reducida cantidad de gente tenía acceso a ver las proyecciones, como así también era limitada la ciudadanía europea que contaba con un artefacto de recepción radial, por lo tanto no fue hasta la Segunda Guerra Mundial que estos medios masivos se consolidaron como medios de distribución eficientes para la propaganda de guerra. En todos los casos, las fuerzas aliadas suministraban una copiosa propaganda por medio de panfletos y opúsculos (escritos breves que contenían temas de actualidad) que lanzaban desde globos aerostáticos o aviones sobre los territorios enemigos y ocupados. Millones y millones de escritos regaron esos territorios desde el cielo, como así también a través del correo, de periódicos y revistas que eran introducidos de manera clandestina en los territorios enemigos. La propaganda francesa llevó adelante una metodología que los alemanes también practicaron: la emisión de ejemplares de periódicos con información apócrifa en los territorios ocupados para levantar la moral de la gente y para promoverse entre la población. Los alemanes, por su parte, también lograron influenciar con cierto éxito en Rusia y en los territorios ocupados donde utilizaron periódicos apócrifos con informaciones igualmente falsas.

Esta influencia psicológica e ideológica sobre las poblaciones europeas llevó a los aliados a organizar congresos con una propaganda más ideológica hacia el final de la guerra, con lo cual obtuvieron resultados realmente eficaces. Con el resuelto propósito de disociar a las fuerzas austrohúngaras de las alemanas, los aliados celebraron en Roma un congreso de delegados de los pueblos oprimidos de los Habsburgos que obtuvo como resultado una gran deserción de las fuerzas austrohúngaras. Asimismo, los aliados intensificaron la propaganda psicológica mostrándoles a los soldados y a la población alemana, los errores que sus jefes y gobernantes les ocultaban. Por último, hicieron propaganda ideológica hasta con los prisioneros de guerra alemanes que, siendo bien tratados, fueron instruidos acerca de los beneficios de las instituciones democráticas para que luego ellos mismos influyeran en el seno de sus propias familias.

En resumen, la propaganda aliada se impuso a la de las potencias centrales por sus virtudes de mejor organización, administración y adaptación a las condiciones psicológicas del enemigo. Si bien los mayores adelantos tecnológicos todavía no se habían consolidado, durante este período, la propaganda conformó su organización y constituyó, con creatividad y conocimiento, sus procedimientos más generales. A pesar de que una gran cantidad de recursos humanos y materiales fueron dedicados a la intensa actividad de la propaganda, no fue por esta vía que los aliados ganaron la guerra, pero la propaganda sí contribuyó fuertemente a delinear los fundamentos ideológicos de las partes que intervenían en el conflicto y a manipular a la opinión pública tanto de territorios enemigos como así también en los países neutrales.

Por este medio, la propaganda influyó en las poblaciones de los países enemigos para volcar su voluntad de apoyo a sus gobernantes; contribuyó en las fuerzas aliadas para motivarlas, como así también en las fuerzas enemigas para desmoralizarlas; manipuló a la opinión pública de países neutrales buscando su apoyo o su incursión en el bando aliado, y hasta influenció a poblaciones enteras para revertirlas ideológicamente. En definitiva, a través de la propaganda se buscó crear las condiciones más favorables para ganar la guerra bélica y también la guerra política, psicológica e ideológica. El final de la Primera Guerra Mundial dejó un lamentable saldo humano de millones de personas caídas en los enfrentamientos y proporcionó la propaganda que, bien administrada por las fuerzas políticas y castrenses, se consolidó como un arma invencible al servicio del poder ante los ojos del mundo.

La propaganda bolchevique

La Revolución Rusa nació de las huelgas de los trabajadores de Petrogrado en los últimos días de febrero de 1917. La rebelión de los huelguistas se fue expandiendo por toda la ciudad y luego en otras ciudades como manifestación del hartazgo de las condiciones laborales y económicas que asolaban a la sociedad rusa. La Revolución de Febrero logró la caída del zarismo y la instauración de un Gobierno Provisional burgués sometido al control de los trabajadores, campesinos y soldados de los Soviets que se habían organizado en todo el país, pero el hecho más destacable fue que la clase trabajadora comenzó a ser consciente de la fuerza de su lucha capaz de terminar con el imperio del zar y a partir de allí plantear un nuevo orden gubernamental y social en el país.

Este cambio en las condiciones políticas y sociales fue el panorama que alentó el retorno de Lenin desde su exilio en Suiza y es la manifestación del nacimiento de una nueva clase obrera más poderosa y combativa, protagonista del proceso de industrialización del país. Con la vuelta de Lenin se impuso la idea de organizar una segunda revolución que otorgase el poder provisional burgués a la clase obrera y al campesinado, en una transferencia del poder a los Soviets. Sin embargo, el partido bolchevique de Lenin no contaba con un gran número de delegados como para imponer su idea, lo que derivó en el reclutamiento de activistas descontentos con el accionar del Gobierno Provisional. Después de dos intentos fallidos por la toma del poder provisional, el primer ministro Alexander Kerensky intentó reorganizar un gobierno con participación menchevique y socialista, no obstante volvieron las huelgas y los enfrentamientos en todo el país.

En octubre se llevó a cabo la reunión del Comité Central en la cual se decidió por mayoría organizar una nueva revolución contando únicamente con la participación bolchevique. Pocos días después se conformó el Comité Militar Revolucionario en el soviet de Petrogrado con bolcheviques de confianza de Trotsky que, para ese entonces, contaban con una gran cantidad de militantes. El II Congreso de los Soviets fue favorable para los bolcheviques, puesto que los grupos de los mencheviques y los socialistas revolucionarios abandonaron la reunión quedando los bolcheviques con el control de los Soviets y de la revolución. El triunfo de la Revolución de Octubre fue el triunfo que le permitió a los bolcheviques constituirse como el partido de la clase trabajadora triunfante con una estructura organizada en los Soviets y en los comités de las fábricas. Por lo tanto, la propaganda y la organización del Estado convivieron en una misma estructura desde el principio. Entender la fuerza que había adquirido el bolcheviquismo sobre la clase trabajadora a partir de la Revolución de Febrero y su organización a través de los Soviets y de los comités de fábricas, es el primer paso para comprender la organización y la administración de la propaganda de la revolución.

Esta visión histórica, sin embargo, conlleva un proceso subrepticio que fue carcomiendo las bases del poder zarista y capitalista y, a su vez, fue exacerbando los ánimos de los hombres y los incitó a la acción. En esos primeros tiempos de la Revolución de Febrero, la propaganda bolchevique realizó una fuerte tarea de agitación de las masas y de división política del gobierno zarista. Los líderes bolcheviques tomaron la iniciativa y agitaron a la población a través de los medios de comunicación. Lenin desde el exilio realizaba publicaciones en *Pravda*, el diario del partido; y Trotsky a través de su organización se dedicó a la agitación y a la propaganda por todos los medios posibles en la ciudad de Petrogrado. Una referencia de Jean Marie Domenach retrata de una manera muy vívida la situación de esos días de los comienzos de la Revolución Rusa:

«Es incontestable que la propaganda política, en su forma moderna, ha sido inaugurada por el bolcheviquismo y especialmente por Lenin y Trotsky. Lenin, con su genio de propagandista y agitador, lanzó en 1917 las voces de orden que imprimieron el ritmo a las etapas de la conquista del poder. Trotsky, en una innovación sin precedentes, se dirigió por radio a las "masas sufrientes", pasando por sobre sus gobernantes. Se realizó una propaganda y una agitación de una intensidad inaudita entre el proletariado, el campesinado y el ejército. Los círculos políticos, los "diarios de fábrica" y los oradores de plaza, proliferaron. Los agitadores actuaron entre los elementos fieles al régimen zarista, expandieron subterráneamente la inquietud y produjeron la división. Cuando la revolución se instaló en Leningrado y en Moscú, esta actividad, en lugar de reducirse, se amplificó para extender y consolidar el poder de los Soviets. Se enviaron "comisarios políticos" a las unidades militares para que comentasen las órdenes y las ubicasen en el contexto político general. Recorrieron el ejército "equipos volantes" de jóvenes comunistas: fueron a las municipalidades rurales y permanecieron allí un tiempo durante el cual ofrecieron funciones teatrales y de canto y dieron conferencias políticas. Se creó así una vasta red psicopolítica que alcanzó los rincones más alejados del país por múltiples vías (prensa, radio, teatro, cine, diarios locales y de fábrica, conferencias, mítines, etc.). La dirección de esta actividad polifacética se confió a una dirección llamada "agipro" (abreviatura de agitación y propaganda), con representantes en todos los niveles, aun en la célula de base, que será siempre una rama esencial de la actividad comunista.»[31]

Asimismo, en los tiempos de la Guerra Civil, la estructura organizativa de los Soviets pasó a ser la organización administrativa que aseguraba el cumplimiento de las órdenes de los bolcheviques, al mismo tiempo, el partido se valió de esta organización para llegar al campesinado con agitadores y seducirlos a unirse a la revolución y a pelear en contra del Ejército Blanco. Debido a la gran cantidad de gente campesina y obrera analfabeta (los datos históricos estiman un 65% de la población), la propaganda fue principalmente oral y los agitadores se valieron de la estructura organizativa del partido de los Soviets y de los comités de las fábricas para promover la denuncia y la movilización en favor de la revolución. A pesar de que el partido bolchevique tenía una fuerte presencia en los Soviets de las grandes ciudades, en las plazas y en las fábricas, no fue así entre el campesinado. Por eso, durante la Guerra Civil muchos militantes viajaron a las poblaciones rurales para realizar tareas de agitación, adoctrinamiento

[31] DOMENACH, J.M. *Op. Cit.*, p.13.

ideológico y formación educativa y cultural buscando, a su vez, impulsar la organización de los Soviets en las zonas rurales y el apoyo de las poblaciones campesinas. A pesar de que en este período la propaganda fue el medio que contribuyó a la agitación, el reclutamiento y la organización de la revolución y de la Guerra Civil, no fueron sino el enfrentamiento armado, la aniquilación y la represión los medios planificados que llevaron a los bolcheviques al poder.

Si bien los bolcheviques contaban inicialmente con una cantidad de miembros y de recursos muy limitados (lo que hacía una tarea difícil sumar gente a la causa de la revolución), supieron usar los pocos recursos que tenían y aplicarlos en las situaciones correctas y de la manera adecuada. En cuanto a la administración de la propaganda, los bolcheviques se valieron de dos clases de agentes: los agitadores y los propagandistas. La propaganda leninista planteó entonces, en las tareas de estos dos tipos de agentes, las diferencias que los distingue: el *agitador* se valió del discurso oral para denunciar a viva voz e inducir a la masa a la movilización y a la acción, mientras que el *propagandista* se dedicó, desde el discurso escrito, a sustentar la denuncia con argumentos y a convencer al lector de sus ideas. Sin embargo, esta distinción en la asignación de las tareas más que teórica, fue un rol atribuible a las características personales de los agentes y de las aptitudes de sus temperamentos. Los bolcheviques supieron atribuirles las tareas de agitadores a aquellos agentes que tenían las aptitudes discursivas y la personalidad para desarrollar bien su tarea, mientras que los propagandistas fueron elegidos de acuerdo con sus aptitudes en relación con el discurso escrito y la argumentación de sus planteos.

La propaganda bolchevique además supo utilizar a su favor el ambiente exasperado de crisis de la revolución para inculcar sus ideas y sus denuncias, transmitirlas entre la población y conducir a la masa a unirse a la causa que planteaba esas denuncias, a la voz de «hacer algo para cambiar la realidad». Esta voz de orden o mandato fue utilizada por los bolcheviques de una manera estudiada e inteligente en función de organizar la acción. Tal fue la planificación y sistematicidad de su uso que el mismo Lenin escribió un artículo titulado *Acerca de las voces de orden* en el cual plantea el adecuado uso y la función que las voces de orden tienen en determinadas situaciones políticas. Jean Marie Domenach resume que *«la voz de orden es la representación verbal de una frase de la táctica revolucionaria. Verdadero concepto motor que expresa tan clara, breve y eufóricamente como le es posible, el objetivo más importante del momento, ya se trate en el período revolucionario, del aniquilamiento del adversario o de la unificación de la masa ("Todo el poder para los Soviets", "Tierra y*

Paz", "Pan, Paz, Libertad", "Por un gobierno de amplia unión democrática")»[32] La voz de orden en definitiva refleja en cierto modo la situación política del momento y expresa de manera concisa un sentimiento o deseo que se vuelve un deber colectivo y la expresión del anhelo que debe atribuírsele a la masa. Por lo tanto, los administradores de la propaganda leninista debían tener cuidado en la expresión de la voz de mando porque debido su uso ineficiente podían caer en la desilusión del pueblo o en el ridículo de las autoridades.

Por otra parte, una de las características más fuertes de la propaganda leninista residió en la sencillez de su dialéctica. La propaganda leninista en primer lugar estuvo basada en una filosofía marxista que, si bien se refirió a cuestiones sociales y existenciales del hombre, resultó sencilla y fácil de entender. La idea de Lenin sobre la acción social consciente del hombre refiere que el hombre insatisfecho del mundo procura cambiarlo de acuerdo con las ideas y los fines de su clase. Esto se traduce en un proceso lineal de *pensamiento-finalidad, acción* que el individuo establece en virtud de cambiar el medio en el que vive. La propaganda leninista, según Domenach, puede reducirse en dos expresiones esenciales: la revelación política (producto del

---

[32] DOMENACH, J.M. *Op. Cit.*, p.10-11.

pensamiento) y la voz de orden (que incita a la acción). La actividad revolucionaria de Lenin se fundamentó en la idea marxista de las *Tesis de Abril* donde expresa que la revolución requería que el medio cumpliese con la condición de una sociedad con una clase capitalista desarrollada en conflicto con las relaciones de producción. La premisa de que la revolución debía estallar en un país capitalista desarrollado, es decir, en su fase superior o imperialista accionando sobre su nivel de debilidad, planteó desde el inicio de la revolución el enfrentamiento de la clase trabajadora con la clase capitalista. La denuncia política de Lenin fue el producto de la observación atenta del entorno político y social del individuo; la denuncia de sus padecimientos fue el resultado de la concientización de su problemática debido a la ambición y los métodos capitalistas; y la actividad militante de su clase fue la manera de contrarrestar y revertir su problemática. La metodología de la propaganda leninista, entonces, se basó principalmente en la explicación argumentativa de los acontecimientos que afectaban a la realidad social del individuo (que son quienes denunciaban) y que se constituyeron en las razones para agitar a la masa y persuadirla de movilizarse en procura de concretar la finalidad que cambie su entorno social. A continuación, un breve ejemplo hipotético del investigador francés que esboza este razonamiento:

> «Tomemos el ejemplo de la desocupación parcial que afectó la actividad de los salones de peinado. El cliente pensará que los salones de peinado son demasiado numerosos, que están de moda los cabellos largos o aunque los cabellos crecen menos ese año. Todas son explicaciones simplistas y hasta mitológicas que rechazará el propagandista comunista. Éste le hará admitir con facilidad al cliente que si los salones de peinado están vacíos es porque las personas no tienen más que el dinero indispensable para sus necesidades vitales, de lo cual inferirá que los asalariados están insuficientemente pagados, y que si esto sucede es porque el dinero que les corresponde es llevado, por medio de diversos impuestos y tasas, a alimentar un presupuesto devorado por los preparativos militares que impone a Francia la política atlántica, la que no es más que una defensa de los intereses del capitalismo internacional.» [33]

El objetivo de la propaganda leninista fue entonces el de señalar insistente y sistemáticamente la voracidad del sistema capitalista (el enemigo) que, en un sentido u otro, afectaba injusta e innecesariamente la realidad diaria en las necesidades básicas de la gente. Este método parte de una concepción marxista de una concientización-acción que surge de hacer caer

---

[33] DOMENACH, J.M. *Op. Cit.*, p.10.

en cuenta a la clase trabajadora de su sometimiento y padecimientos, y que deriva en la denuncia pública de la voracidad del poder de las clases dominantes y de sus métodos, proveyendo —y a la vez instruyendo— a la clase trabajadora de una reformulación más clara y consciente de la realidad en la que estaban inmersos. La conciencia social se transformó entonces en el campo de lucha de la ideología —y por lo tanto de la propaganda— que llevó a Lenin a alentar a los revolucionarios a hacer revelaciones o denuncias políticas en todos los ámbitos como actividad fundamental de la lucha y del adoctrinamiento de las masas en la actividad revolucionaria. Esta es la argumentación sistemática que usó la propaganda leninista para concientizar y a la vez agitar los ánimos de la masa y movilizarla a través de las voces de orden.

Si bien en el comienzo de la revolución existía un alto índice de analfabetismo, la propaganda leninista escrita fue ganando terreno con el paso del tiempo debido a los límites a la libertad de prensa y a un plan de alfabetización iniciado en todo el país. Con un decreto del año 1919 que establecía *«la desaparición del analfabetismo para permitir a la población de la República participar de manera consciente en la vida política del país»*.[34], se puso en marcha un plan de

---

[34] SABORIDO, Jorge. Historia de la Unión Soviética. EMECE. Buenos Aires, 2009. p. 123.

alfabetización que en pocos años dio como resultado la alfabetización de más del 50 por ciento de la población del país. Con la población en vías de ser alfabetizada, los límites impuestos a la libertad de prensa contribuyeron a acentuar la prominencia de la propaganda leninista en relación con los demás medios de prensa. Como sucedió también en otras revoluciones, el nuevo poder bolchevique avanzó sobre la libertad de prensa emitiendo un decreto que otorgó al gobierno el derecho a sancionar a quienes se resistieran, a través de sus publicaciones, a reconocer las nuevas autoridades. Otra de las medidas consistió en el cierre de los periódicos opositores y a la confiscación de las imprentas si desobedecían la reglamentación y desafiaban a las autoridades con publicaciones que la contravencionaba.

Desde los tiempos anteriores a la revolución, los bolcheviques suministraban la propaganda a través del periódico *Pravda* fundado, según las indicaciones de Lenin y por iniciativa de Stalin, el 5 de mayo de 1912. Desde sus inicios, *Pravda* fue un periódico político dirigido a las grandes masas obreras que, por su temática de actualidad que incluía las problemáticas de los trabajadores, tuvo una gran acogida entre los lectores. Los artículos de *Pravda* fueron tan punzantes para la burguesía y el gobierno zarista, que en pocos años fue cerrado varias veces, sin embargo reaparecía con un nuevo nombre que siempre contenía la palabra *Pravda* (La verdad) (*La Verdad del Trabajador*, *Por la Verdad*, *El Camino de la Verdad*). En cada número publicaba noticias cuyas temáticas giraban en torno a la problemática obrera. En ellas denunciaban los abusos laborales de los que eran víctimas los trabajadores, informaban acerca de las situaciones de las huelgas, organizaban con datos precisos a los huelguistas y hasta disponían de la colaboración de trabajadores de otros establecimientos. Asimismo eran muy frecuentes las publicaciones de cartas de los obreros en las que denunciaban los abusos laborales y la explotación a la que eran sometidos por parte de sus empleadores y capataces y cartas que sencillamente relataban el duro momento que pasaban sus familias por estar desempleados. Entre los temas que trataban las publicaciones, exponían los padecimientos que los campesinos sufrían producto de la miseria en la que vivían y el hambre que ellos y sus familias pasaban; la explotación de los campesinos en manos de sus patrones terratenientes; el robo de las mejores tierras de los campesinos; las ventas ilegales, las usureras, y la injusta distribución de las tierras de grandes extensiones entre los terratenientes y pequeños lotes poco productivos y rentables para los campesinos. Una de las atracciones que hizo más popular a *Pravda* seguramente fueron sus crónicas contadas por los mismos protagonistas, los trabajadores industriales y los campesinos, pero por sobre todo en este periódico los trabajadores encontraron el medio de la denuncia, el apoyo, la orientación y la organización de la lucha.

Las publicaciones de los líderes bolcheviques eran permanentes y muy frecuentemente organizaban de manera disimulada las manifestaciones de los trabajadores. En 1914, Lenin publicó un artículo titulado *Sobre las formas del movimiento obrero* en el cual alentaba a los trabajadores a tomar medidas más drásticas de lucha. Asimismo, antes de su vuelta del exilio, Lenin envió sus *Cartas desde lejos* donde criticaba duramente al gobierno, cartas que habían pensado publicar en *Pravda*, y según indicaciones del mismo autor, sin antes ser algo censuradas. En definitiva, *Pravda* fue el medio principal de la organización de la propaganda escrita en el cual las clases trabajadoras encontraban las explicaciones de los problemas de su realidad, en donde plasmaban las denuncias que concientizaban a los trabajadores, se sentían identificados con las problemáticas de individuos de su misma clase y se organizaban en la lucha para cambiar su realidad laboral y social. Cada trabajador en cada puesto se constituía en un corresponsal que hacía llegar su versión de los hechos que acontecían incluso en los lugares más recónditos del territorio. En su momento de mayor organización este periódico llegó a tener entre sus trabajadores miles de corresponsales que hacían llegar su información de lo que sucedía en cada uno de sus puestos. Y esta fue la base de una organización que en el futuro la propaganda de la prensa supo aprovechar.

En un período posterior a la Segunda Guerra Mundial, la propaganda soviética ostentaba un alto grado de sofisticación nunca antes visto en la prensa escrita. Una de las características principales de la propaganda soviética fue la gran diversidad de su prensa adaptada con especificidad a cada área a la que iba dirigida, conformando una estructura que abarcaba cada uno de los ámbitos profesionales, culturales y sociales y, a su vez, cada grupo de redacción de cada uno de esos ámbitos específicos se constituían en receptores de información que luego utilizaban para sus tareas de prensa. Jorge Saborido explica, de manera breve, esta doble tarea de la propaganda:

> «En la Unión Soviética hay diarios para cada región y para cada profesión; dicen todos lo mismo, pero lo dicen de manera apropiada a todas las mentalidades. Por otra parte, la propaganda no es posible sin un aporte constante de la información. Es éste el segundo cometido de los especialistas comunistas: alimentar las revelaciones políticas por un flujo continuo de noticias extraídas de todos los sectores profesionales y sociales. Cada célula funciona como una antena de información y, en los regímenes soviéticos, los diarios poseen una multitud de "corresponsales populares" ubicados en todos los

niveles de las actividades del país. Ese trabajo de información es para la propaganda comunista un indiscutible elemento de superioridad; les permite, en particular, reaccionar mucho más rápido que las propagandas adversas, desconcertarlas y, a menudo, adelantárseles.»[35]

Es decir que valiéndose de la estructura de la prensa escrita, la propaganda se había expandido en toda su extensión, ramificándose en tantos campos profesionales y sociales como había sido posible para trabajar en un *doble sentido*: por un lado, cada uno de los grupos de comunicadores en cada campo profesional funcionaba como *receptor* de la información de cada uno de esos ámbitos específicos y, a su vez, como *comunicador* que alimentaba las denuncias políticas extraídas de la información de cada uno de esos sectores profesionales y sociales (tal como hacían los trabajadores corresponsales de *Pravda*), llegando este novedoso doble mecanismo de retroalimentación y denuncia a una sofisticación que hizo de la propaganda de prensa una maquinaria tan bien aceitada que la volvió un recurso mediático y político altamente eficiente, indispensable y ventajoso para el régimen soviético.

Por otra parte, a partir de fines de la década de 1920 se organizó una propaganda visual basada en la

---

[35] SABORIDO, Jorge. *Op. Cit.*, p.12.

iconografía creadora de una mitología de la revolución que el poder transmitió a la población principalmente a través de afiches que apuntaban a definir las figuras protagonistas del cambio político y social del país. En esos afiches de verdadero arte político, los líderes de la revolución se mostraban engrandecidos, se enfatizaba la importancia de los trabajadores como protagonistas y hacedores de la nueva etapa política y social, se promovía la igualdad de la mujer que la mostraban como protagonista del cambio y se alertaba acerca de los peligros internos y externos de los enemigos de la revolución. Estas son las principales temáticas que se reproducían con una estética sobria que a la vez transmitía un destacado heroísmo en sus personajes siempre en actividad construyendo con su esfuerzo el presente y el porvenir de la nación. Asimismo los afiches contenían *slogans* que, como las voces de mando, transmitían las metas y los deseos colectivos que incitaban a la acción y al protagonismo de los integrantes de la sociedad. Luego de la muerte de Lenin, las publicaciones de los afiches transmitieron una exacerbación de la figura del líder soviético hasta la llegada de Stalin que, por las desavenencias que había tenido con su antecesor y por su propio egocentrismo, reemplazó la mayor parte de la iconografía que representaba esa mitología de la revolución con su propia imagen mostrándose a sí mismo como un líder de líderes o como un dios viviente.

Otro de los recursos visuales muy usados con fines propagandísticos fue la fotografía, y uno de los métodos más utilizados fue el retoque fotográfico con diferentes finalidades. Un método muy común fue el de eliminar de las fotografías a personas que habían sido retratadas junto a los líderes como fue el caso de varios acompañantes de Stalin. Como si se tratase de un ardid ficcional de Orwell —que, a su vez, se inspiraba en la realidad soviética— muy a menudo estas personas eliminadas en las fotografías también eran eliminadas en la vida real, borrando toda prueba de cada una de ellas como si nunca hubiesen existido. Asimismo, es muy conocida una fotografía en la que Trotsky fue eliminado porque aparecía junto a un estrado en el que el orador era Lenin. El retoque fotográfico también se usó con la finalidad de ampliar la percepción de la adhesión popular a los líderes del partido bolchevique acrecentando notablemente el público que asistía a los actos o cambiando las inscripciones de las pancartas dándole más énfasis a los reclamos del pueblo o al apoyo al partido.

Una vez concretada la liberación de la clase obrera, los dirigentes se enfrentaron al desalentador desafío de adoctrinar y educar a una numerosa población campesina y obrera cuya formación cultural y política era casi inexistente sobre todo en las poblaciones rurales de un extensísimo territorio. En miras de sus objetivos culturales y educativos, el partido bolchevique, que en primer término se valió provisoriamente de la estructura de los Soviets y de los comités para su instrucción, luego debió desarrollar aún más estas organizaciones expandiéndolas y reclutando agentes para poder cumplir con las actividades educativas y culturales en todo el territorio. Una de las primeras asociaciones en fundarse fue *Proletkult,* una asociación cultural y educativa del proletariado ruso, que según palabras de uno de sus precursores, Alexander Bogdanov, su función consistía en crear «laboratorios de cultura proletaria» que definieran e impulsaran los valores de la clase obrera.[36] Entonces la educación, la prensa, las ciencias, las artes fueron los ámbitos en los cuales se reformuló la nueva conciencia social de todo un pueblo que en cierto modo se vio obligado a descartar la influencia de la cultura burguesa y capitalista anterior, e inaugurar la nueva cultura de un «hombre nuevo» integrante de una nueva sociedad en la cual predominaban los valores del trabajo y de la revolución. Como se dijo, durante la Guerra Civil muchos militantes viajaron a las poblaciones rurales para realizar tareas de adoctrinamiento ideológico y formación educativa y cultural de las poblaciones

---

[36] SABORIDO, Jorge. *Op. Cit.*, p.126.

campesinas. Uno de los recursos que utilizaron para esta gestión fue el envío de trenes acondicionados con aulas de lecturas y salas equipadas para exhibir películas con contenido ideológico. Así, el partido organizó lecturas públicas y proyecciones de películas y documentales para instruir a la población analfabeta, sin embargo estas actividades no sólo fueron instrumentos de adoctrinamiento político e ideológico, sino también de agitación y propaganda.

En una época en que las transmisiones de radio recién comenzaban y el número de receptores era limitado, en que la televisión aún no existía y el único medio visual fidedigno era la fotografía, el cine pasó a ser un medio documental altamente atrayente y efectivo. Si convenimos que generalmente el ser humano cree más en lo que ve que en lo que oye, el cine pasó a ser un documento testimonial prácticamente irrefutable porque los espectadores podían presenciar de manera veraz los acontecimientos que ocurrían y que eran de su interés. Además, en esa época el cine tuvo un aditamento que lo hizo aún más atrayente: era una novedad tecnológica que asombraba y convocaba a los habitantes de todo el territorio. Con la llegada de los trenes a las poblaciones rurales llegaba el cine, y este era un buen motivo para que la multitud se agolpara para ver las proyecciones que el partido les alcanzaba. En 1919, la industria del cine fue nacionalizada por el gobierno bolchevique, a pesar de estar prácticamente paralizada por la Guerra Civil. La nacionalización del cine le garantizaba al gobierno de Lenin tener el monopolio absoluto de un recurso de propaganda tan importante y eficiente. Si bien ya en los primeros años de la década de 1920 se importaban películas, el cine bolchevique comenzó a dar sus primeras producciones importantes de la mano de un genio de la dirección cinematográfica, Sergei Mikhailovich Eisenstein; y la película muda que lanzó su carrera fue *Stachka* (La huelga, 1924), un filme que trata el tema de la explotación de la clase obrera por parte de la clase capitalista, un tema que evidencia la lucha de clases y las condiciones laborales que los obreros rusos padecían. El propósito de la película es claramente propagandístico y apunta principalmente a influenciar en la audiencia e incitar a las masas a la acción. Luego, Eisenstein realizó *Bronenosets Potemkin* (El acorazado de Potemkin, 1925), un filme mudo basado en hechos históricos que cuenta los sucesos del puerto de Odesa durante la semana de junio de 1905. Los marineros del acorazado hartos de los malos tratos que sufren, y debido a que intentan hacerles comer carne agusanada, deciden sublevarse. El filme está compuesto de cinco episodios: *Hombres y gusanos*, *Drama en el Golfo Tendra*, *El muerto clama*, *La escalera de Odesa*, y *Encuentro con la escuadra*. En esta producción se reivindica la figura de las masas y sus causas colectivas en el marco de la revolución fallida de 1905. Posteriormente, Eisenstein realizó *Oktiabr* (Octubre, 1927) basada en el libro *Diez días que conmovieron al mundo*. Sin embargo, la censura no le permitió exhibir la película debido a que su visión de los hechos no era del agrado del Partido Comunista. En la película puede apreciarse una destacada focalización sobre los acontecimientos de las masas revolucionarias y sus protagonistas, y a pesar de que los líderes de la revolución aparecen en el filme, Trotsky fue eliminado de todas las tomas —como se hacía a menudo con el retoque fotográfico—, mostrando en cambio a Lenin y Kerensky. Finalmente, Eisenstein realizó varios intentos de rodar en otros países sin éxito y volvió a la Unión Soviética donde rodó su *film* sonoro *Alexander Nevsky* por el cual fue premiado; y por último, entre 1945 y 1948 rodó *Ivan el Terrible* (primera y segunda parte) que debido a la censura fue estrenada en 1958 después de la muerte de Stalin.

La propaganda nazi

El nacionalsocialismo alemán se originó con el nombre de DAP (*Deutsche Arbeiterpartei*), el Partido Obrero Alemán que albergaba y promovía el antisemitismo, el socialismo y el ultranacionalismo. En 1919, Hitler se adhirió al partido y desde entonces ganó, en pocos años, un destacado liderazgo político debido a sus notables habilidades retóricas y a su entendimiento de la importancia del uso de la propaganda como maquinaria de manipulación para la promoción política. En pocos años el partido tomó cuerpo y organización, y se transformó en un verdadero partido político con ideologías y objetivos más definidos. Por otra parte, cuando el Partido Social Demócrata se disolvió, muchos de sus miembros se unieron al Partido Obrero Alemán Nacionalsocialista (*Nationalsozialistische Deutsche Arbeiterpartei*) como así también otros sectores de la sociedad. El nuevo partido fue ganando cada vez más adeptos y popularidad dentro de Alemania hasta alcanzar unos

13 millones de seguidores en 1932. Esta gran adhesión alcanzada por el partido en poco más de una década debe ser atribuida, entre otros factores, principalmente al efecto acumulativo de la propaganda que los miembros del partido supieron administrar.

Las primeras publicaciones del partido fueron en su propio periódico, el *Völkischer Beobachter* (El Observador del Pueblo), un diario de publicación semanal que en pocos años alcanzó más de veintiséis mil ejemplares llegando a cerca 1.2 millones de lectores en 1944. Este periódico tiene su origen en una publicación anterior con el nombre de *Münchner Beobachter* (El Observador de Münich) que fue adquirido en 1918 por la Sociedad Thule y rebautizado en agosto de 1919 con el nombre de *Völkischer Beobachter* (El Observador Nacional). En cada ejemplar del periódico se trataban, con un estilo panfletario, temas de política nacional en los cuales se exponían los asuntos de interés del partido. La razón del constante progreso del periódico fue la subscripción que iba en aumento a medida que la gente adhería al partido y adquiría la membresía como signo de fidelidad al partido, a la causa nacional y por creerse informados. Para entonces, Hitler había sido encarcelado por querer conspirar en contra del gobierno alemán y, estando en prisión, escribió su libro titulado *Mein Kampf* (Mi Lucha) en el cual, entre otros datos, reveló su intención de ganar el poder en Alemania con el partido, y delineó los métodos que usaría en su actividad política, entre otros, la importancia del uso de la propaganda para ganar el apoyo de la población y de la organización del partido para gobernar la nación y para ganar su causa. Hitler demostró una clara consciencia de la utilización de la propaganda para ganar adeptos a la causa y para luchar por ella, tal es así que en *Mein Kampf* dedicó dos capítulos enteros al tema. En el capítulo *Propaganda de guerra* trató el tema de la ineficaz utilización que hizo de ella las fuerzas armadas alemanas durante la Primera Guerra Mundial, además delimitó algunos de los principios básicos de la propaganda eficaz, y admitió la superioridad de los métodos las organizaciones marxistas y socialistas que según él mismo refiere: *«la empleaban con maestría»*. En el capítulo *Propaganda y organización*, Hitler definió cuáles debían ser las funciones que desempeñaba la organización de la propaganda a diferencia de la organización partidaria. Pero además, en este capítulo destacó su desempeño como jefe de propaganda desde los comienzos del partido y estableció en qué consistía la diferencia entre un teórico ideológico y un agitador, cuál debía ser la elección más adecuada de un líder (en este caso el *Führer*) que más que un teórico ideológico debía ser —como líder— un hábil *«movilizador de muchedumbres*». Más allá de esta diferenciación de la elección de un líder en base a sus habilidades para movilizar a las masas, Hitler no hizo ninguna otra distinción; como sí la hizo la propaganda bolchevique entre la función de agitador y propagandista. Esta distinción proviene del método bolchevique y de la conocida definición de Plekhanov: *«Un propagandista inculca muchas ideas a una o varias personas; un agitador inculca solo una o varias ideas, pero se las inculca a una gran masa de gente.»*[37] En la Unión Soviética, la agitación involucró la influencia de las masas a través de las ideas y los *slogans* mientras que la propaganda sirvió para difundir la ideología marxista-leninista. Zhdanov decía: *«Entre nosotros la agitación y la propaganda se basan en la instrucción... La agitación, la propaganda y la instrucción forman un todo que debe realizarse según la concepción leninista de enseñanza.»*[38]

En el capítulo Propaganda y organización, Hitler trazó una peculiar diferenciación por oposición en la cual distinguió a la *organización de la propaganda* de la *organización del partido* y, a su vez, estableció cuáles debían ser sus respectivas funciones. Desde un principio, Hitler consideró que el cometido de la propaganda debía ser el de ganar adeptos, mientras

---

[37] DOMENACH, J.M.Op. Cit., p.11.
[38] *Ibíd.*, p. 13.

que el de la organización debía limitarse a adoptar miembros. Para Hitler, la diferencia entre adeptos y miembros consistió en delimitar que los adeptos eran aquellos que declaraban estar de acuerdo con los fines de una causa; mientras que los miembros eran aquellos que luchaban por ella. La adhesión del adepto debía ser sólo el conocimiento de la idea; mientras que ser miembro suponía el coraje de representar la verdad reconocida como tal y propagarla. La propaganda debía trabajar de manera incesante para ganar adeptos; mientras que la organización debía elegir de entre los adeptos a los más calificados para confiarles la calidad de miembros. La propaganda debía orientar a la opinión pública en el sentido de una determinada idea y prepararla para la hora del triunfo; mientras que la organización debía pugnar por ese triunfo mediante la disposición activa, constante y sistemática de aquellos correligionarios que revelaban instrucciones y aptitudes para impulsar la lucha hasta la victoria. El triunfo de la idea era posible en tanto la propaganda influenciara más eficazmente en la opinión pública; mientras que el triunfo de la causa dependía del exclusivismo, la rigidez y la firmeza de la organización que sostenía la lucha. Por último, el éxito de una revolución ideológica se obtenía siempre que la ideología sea inculcada a todos; mientras que el éxito de la causa dependía de la organización que propulsaba la ideología a todos, sin embargo, su número de miembros debía abarcar sólo el número de hombres indispensable para ganar la causa y para el manejo de los organismos del Estado.

Hitler fue siempre fiel a esta conformación estructural de la propaganda bien diferenciada de la organización partidaria. Por este motivo, en un determinado momento, Hitler debió tomar las riendas del partido (y más adelante de la nación) para dejar la administración de la propaganda en manos de un experto hombre de su confianza, fue así como en abril de 1930 designó a Joseph Goebbels como su jefe de propaganda del partido. Durante un largo período, desde el partido estuvieron planificando la creación de un nuevo ministerio que administre la propaganda en todos los niveles sociales (así como lo hizo en su momento el régimen soviético), fue así como se acordó desde un principio que ese ministerio involucre las artes, el cine y su industria, el teatro, la prensa, la radio y la educación popular. Sin embargo, la creación del nuevo ministerio se dilató hasta estar seguros de que el nacionalsocialismo ganaría las elecciones de 1933. Pocos días después, Joseph Goebbels fue designado ministro de Propaganda y le fue asignada la creación del nuevo ministerio. La organización del Ministerio de Instrucción Popular y Propaganda consistió en una estructura de tres cuerpos que el mismo Goebbels presidía como ministro de Propaganda del Reich, presidente de la Cámara de Cultura y director de la Propaganda Central del Partido. El organismo más importante fue, sin lugar a duda, la Cámara de Cultura donde las manifestaciones artísticas y las profesiones públicas fueron organizadas y controladas, es decir, desde la creación de este ministerio en adelante, se tendría influencia en todas las manifestaciones culturales de la sociedad alemana. Desde esta organización ministerial, el gobierno tenía la atribución de aceptar o interrumpir la actividad de aquellos cuya producción fuese objetable a los ojos de los funcionarios del partido. A partir del nacionalsocialismo, el arte debía ser la más pura expresión del pueblo alemán, de su raza y de su renacimiento político; mientras que las manifestaciones artísticas de otros pueblos eran vistas como un arte errado y decadente, así como el arte de la cultura judía que además era considerado despreciable.

Si bien el partido Nazi no tuvo un acceso inmediato a los medios de prensa masivos, realizó publicaciones que, desde el punto de vista de la propaganda del partido, fueron fundamentales para comenzar con una actividad propagandística significativa. *Mein Kampf* fue una de las primeras publicaciones más relevantes, considerado el libro más importante de los seguidores del movimiento nacionalsocialista alemán. La versión traducida al español expresa que *Mein Kampf* fue el libro más influyente de la Alemania de aquella época, traducido en un principio a ocho idiomas y considerado —según refiere— «el catecismo» y «la carta magna» del Estado del Tercer Reich, sin lugar a duda, un libro fundamental para la propaganda ideológica del partido Nazi. Asimismo fueron importantes las primeras publicaciones periodísticas como la ya mencionada *Völkischer Beobachter*, un periódico de salida semanal que en pocos años alcanzó un número de distribución considerable y en el cual se trataban temas de política nacional y se exponían los temas de interés del partido. Luego, en 1927, el partido comenzó a publicar en el periódico semanal *Der Angriff* (El Ataque) con el cual, desde los primeros tiempos, Joseph Goebbels se dedicó a atacar a los opositores y a explotar los sentimientos antisemitas entre otros temas. Los temas que el nazismo abordaba en estas publicaciones pueden ser divididos en dos tipos bien definidos: los contenidos negativos en relación con el nacionalismo, la humillación del Tratado de Versalles, la debilidad del sistema parlamentario alemán, y el antisemitismo; que contrastaban con los temas que para ellos resultaban positivos como la reconstrucción del pueblo alemán, de la cultura y de su raza, la reconstrucción de la unidad nacional en el Partido Nacionalsocialista terminando con las divisiones internas de la república, anteponiendo el bien común ante el bien individual y otorgando beneficios para la clase trabajadora y, por último, la promoción del mito del Führer como un hombre virtuoso, el salvador de la nación y un hombre carismático del pueblo. Si bien las publicaciones periodísticas tenían en un principio una circulación limitada, esto le permitió explotar los temas desde sus columnas hasta que Joseph Goebbels consiguió reformular la estructura de la administración de la divulgación en el nuevo Ministerio de Instrucción Popular y Propaganda, con lo cual tuvo mayor acceso a los medios de comunicación masivos y a la vida cultural alemana.

Para 1933, el partido ya tenía el control directa o indirectamente de un gran porcentaje de los periódicos del país, por lo tanto todo el contenido comenzó a ser controlado por el ministerio. Una vez en marcha el proceso paulatino para el control político sobre la prensa, Goebbels siguió con el entrenamiento de los periodistas nazis, ya que la prensa no sólo debía informar sino que además debía instruir a la población. Los periodistas debían suministrar la información desde el punto de vista del partido, y además debían implementar el uso del *rumor* y de la *noticia falsa*, recursos que dieron muy buenos resultados. Además, el lector debía tener la impresión de que el discurso del periodista debía percibirse como si un orador le murmurara desde atrás. Los contenidos de los periódicos estaban controlados por los funcionarios del Ministerio de Instrucción Popular y Propaganda quienes decidían sobre los temas, el desarrollo, los formatos, y hasta la disposición que debían tener las publicaciones dentro del periódico.

Uno de los medios de comunicación más utilizados por la propaganda nazi fue la radio, cuya capacidad para influir en la opinión pública fue reconocido por Goebbels, quien de inmediato decidió desarrollar y utilizar todo su potencial para la propaganda del partido. Goebbels vio en la radio la manera de crear una *uniformidad de opinión* en una gran masa de audiencia. Según su propia opinión, la radio era uno de los más modernos e importantes instrumentos de influencia de masas conocidos hasta entonces, además de considerarla como la tecnología que reemplazaría a los periódicos. Luego se unificó la radiofonía bajo una misma compañía de radio con varias estaciones en el territorio alemán, obviamente, todo supervisado por el Ministerio de Instrucción Popular y Propaganda. Después de organizar la estructura de la emisión de radio y de tener la supervisión del contenido de las emisiones, el objetivo fue incrementar la cantidad de oyentes. Con este propósito, el gobierno alemán realizó acuerdos con los fabricantes para producir receptores a bajo costo, ya que eran subvencionados con fondos que el

Estado adquiría de los mismos trabajadores. Durante los primeros años de la tercera década, se vendieron millones de radios en el territorio alemán con la aspiración de que en un futuro cada hogar alemán tuviera un receptor de radio vendido por el gobierno. Con el propósito de controlar las emisiones, el gobierno tomó la precaución de que las radios que se vendían tuviesen un alcance de recepción limitado al territorio nacional para que no pudiesen captar otras emisoras de países limítrofes. Para asegurarse la mayor cantidad de audiencia, el partido organizó la emisión en cadena nacional para los discursos de las autoridades del partido. Las emisiones de radio se transmitían además de manera simultánea en todos los lugares públicos posibles por medio de altoparlantes, para que la ciudadanía pudiese seguir la transmisión desde el lugar donde estuviera. De esta manera, la radio fue usada por el nacionalsocialismo como el medio para difundir sus ideas y para formar una opinión unánime en la audiencia alemana.

Asimismo, la industria del cine y sus producciones también fueron controladas por el gobierno alemán. Goebbels tenía un especial interés en el cine puesto que pensaba que como recurso de la propaganda se podía influenciar en el pensamiento de la nación y hasta se podía cambiar su comportamiento. Con la creación de la Cámara de Cinematografía, con supervisión directa de la Cámara de Cultura del Reich y de su ministro de Propaganda, Joseph Goebbels, se creó la coordinación y el control de los realizadores cinematográficos y de la industria del cine. Además, el gobierno alemán contó con asistencia financiera y la cooperación de un consejo de asesores que los asistía acerca de las producciones y que, a su vez, mantenía controlada la producción cinematográfica en todo el territorio principalmente a través del censor cuya tarea consistía en examinar el proyecto de la película antes de comenzar a filmarla. En algunos años, la producción cinematográfica del gobierno alemán alcanzó más del setenta por ciento de la producción total de Alemania constituyéndose en un monopolio que terminó casi por completo con las producciones independientes. Debido a esta realidad y al ambiente político que se vivía, muchos de los artistas y realizadores cinematográficos se vieron obligados a dejar el país; sin embargo, el gobierno alemán continuó con las producciones integrando además nuevos equipos técnicos, artistas y realizadores.

En un paso posterior, el gobierno avanzó sobre la reglamentación de una ley que regulaba la actividad cinematográfica y con ella empezó a regular de manera más minuciosa la actividad de los censores, además de comenzar a proveer las calificaciones de las películas que se producían. Sin estas calificaciones los productores no podían acceder a reducciones impositivas y no podían exhibir sus películas a menos que contasen con un permiso especial. La cantidad de producciones cinematográficas durante el Tercer Reich fue abrumadora y un extenso porcentaje de la producción total consistía solamente en promoción y contenido político. Como resultado, esa gran cantidad de películas (poco más de mil) tenían un contenido ideológico acorde a los intereses que al Ministerio de Propaganda le interesaba difundir sin importar el género al que pertenecían. Este contenido político e ideológico era cuidadosamente difundido en ciertos períodos acorde a la realidad política y social que presentaban los acontecimientos de la actualidad, como así también se cuidaban de que los contenidos ideológicos de las producciones, en lugar de ser obviamente exhibidos, sean disimuladamente dosificados en períodos o intervalos ciertamente planificados.

Entre las producciones más destacadas que podemos mencionar están los documentales de Leni Reifenstahl: *Triumph des Willens* (El triunfo de la voluntad, 1935), documental que muestra la entrada triunfal de Hitler en Nuremberg retratando, con calidad cinematográfica, las majestuosas formaciones de la *Sturmabteilung* o SA[39], los escenarios con los

---

[39] Sturmabteilung o SA fue una organización militarizada voluntaria que apoyaba al régimen de Adolf Hitler e intervino de manera directa en su ascenso al poder.

discursos de los principales jerarcas del Partido Nazi, la multitudinaria asistencia de la gente, e incluso pueden verse los actos partidarios nocturnos que, iluminados por el fuego de las antorchas, le dan cierto misticismo al documental; *Olympiade* (Olympia, 1938), es un extenso documental que retrata los juegos olímpicos de Berlín, que se constituyó en la propaganda popular del Tercer Reich para los países extranjeros. Asimismo se realizaron producciones de propaganda anti judía denigrante, entre las películas más conocidas podemos mencionar: *Die Rothschild* (Los Rothschild, 1940), película acerca de una familia alemana de origen judío a la cual pertenecieron los más poderosos banqueros del Siglo XIX, cuyo principal propósito es el de estereotipar a los judíos como avaros comerciantes, prestamistas y usureros; *Jud Süss* (El judío Süss, 1940), película acerca de Joseph Süss Oppenheimer, un siniestro y avaro judío que promueve la inmigración judía en la ciudad de Württemburg durante el Siglo XIX. En el desarrollo de la película, Süss viola a una dama de la comunidad por lo que luego es enjuiciado y condenado a muerte, constituyéndose este en el mensaje central de la película.

La influencia de la propaganda del gobierno alemán no se limitó solamente a difundir sus «mensajes» a través de los medios de comunicación, sino que además tenían un especial cuidado en todo aquello que hacía a la distinción simbólica, a las ostentosas presentaciones públicas, a la descomunal arquitectura característica del partido, y a promover los temas que apelaban a las zonas más oscuras del inconsciente primitivo de la masa que convocaban, como ser: a la unidad mediante la exaltación de la pureza de sangre de una misma raza; a la unión casi tribal de las masas que confrontadas con otras tribus debían pelear por la defensa de su territorio, de sus gentes e imponerse ante las demás tribus como demostración de su fortaleza ancestral; a sus ancestros, al remontarse a un tiempo original, a sus rituales originales, y a la imposición de lo grandilocuente para atestiguar el indiscutible poderío de esa ancestral civilización. En este sentido, la distinción simbólica jugaba un papel importante debido a que ciertamente se creaba una identificación de lo evocado por medio de los símbolos que además cumplían la función de concretar prácticamente lo evocado en la realidad psíquica del individuo. Domenach explica que la propaganda alemana *condicionaba* los reflejos del individuo de manera tal que cuando observase, por ejemplo, la bandera roja con la esvástica en todas partes (como podrían ser también el saludo y el águila imperial), el simpatizante revivía su exaltación y su filiación por el partido, y el enemigo revivía su temor hacia las fuerzas del partido y su aplastante poder.

De la misma manera, la propaganda nazi trabajó sobre los actos partidarios y su cuidadosa ambientación, como por ejemplo, el cuidado en la numerosa disposición simétrica de las fuerzas armadas, la gigantesca simbología reproducida en todas partes, la ambientación de la luz que podía ser controlada desde el palco por los mismos oradores mientras con su discurso influenciaban en las masas y una disposición que creaba la ambientación de una verdadera comunidad. Hitler solicitó a su arquitecto Albert Speer, el primer arquitecto del Reich, la construcción de prominentes edificios y esculturas en consonancia con la ideología nazi, simbolizando la fuerza, la superioridad y el poder del partido. A poco de su nombramiento, Speer realizó uno de sus diseños más conocidos: *La tribuna Zeppelin*, el campo de desfiles de Nüremberg que puede verse en el filme *El Triunfo de la Voluntad* de Leni Riefenstahl. Para este diseño, Speer se inspiró en el Altar de Pérgamo de Turquía, pero con unas dimensiones grandilocuentes el cual rodeó con 150 reflectores antiaéreos que le daba un efecto lumínico a la escena nunca antes vista. Precisamente, Nüremberg estaba destinada a albergar una gran cantidad de edificios monumentales que nunca se llegaron a construir debido al comienzo de la Segunda Guerra Mundial. Lo mismo aconteció con Berlín, otra de las ciudades destinadas a estos proyectos arquitectónicos descomunales ya que

Berlín estaba destinada a su reconstrucción para dar origen a Germania, la nueva capital del Tercer Reich. Dos de las prominentes edificaciones fueron: el Estadio Olímpico de Berlín para los juegos de 1936 diseñado por Werner March, y la Cancillería del Reich que fue proyectada por Speer y que finalmente fue destruida por el ejército soviético en 1945. La planificación de estas edificaciones fue uno de los esmerados objetivos de la propaganda nazi para evidenciar de manera ostentosa su poder a través de construcciones arquitectónicas descomunales en pos de atestiguar la indiscutible supremacía del partido, de su líder, y el evidente poderío de la civilización germana.

Para Hitler, la propaganda no fue sólo el medio para que el partido acceda al poder, sino que además fue la manera de tener a los alemanes persuadidos y adoctrinados acerca de las políticas, la ideología y el rumbo que el nacionalsocialismo le daba a la nación. Para esto, Hitler y Goebbels introdujeron el elemento psicológico que posicionó a la propaganda nazi a la vanguardia de las técnicas de propaganda de la época, al ser conscientes de que debían conocer minuciosamente las características psicológicas de las masas y de valerse de este estudio para influenciarlas a su favor. Asimismo fueron capaces de crear la percepción en la población mediante la cual *aparentemente todos* en la nación concordaban en ciertos tópicos que el nazismo supo combinar, como por ejemplo: la identificación del nacionalismo tradicional alemán con la ideología nazi, la identificación de la población alemana con el Partido Nacionalsocialista y la promoción del mito del Führer como un líder carismático y, por otra parte, el odio hacia el comunismo y hacia los judíos. Pero más allá de estas líneas fundamentales de la propaganda nazi, establecieron de manera mediática la realidad política y social en la cual *aparentemente todos* convergían en los mismos temas e intereses comunes en los cuales las políticas y la propaganda «reflejaban» el pensamiento, el sentimiento y las aspiraciones de los grandes sectores de la población.

Otra característica de la propaganda nazi fue la de saber dirigir la propaganda de la mejor manera a los sectores más adecuados de la población para conseguir una influencia efectiva. Adolf Hitler tuvo claro, desde un principio, que la propaganda no debía ser dirigida a la intelectualidad más educada sino que debía ser enfocada a las masas que son, según su propia calificación, las más influenciables, corruptibles y maleables. Además, Hitler supo prever la necesidad de que la propaganda sea popular y adaptada al nivel intelectual receptivo de los más «limitados» de la población, *«De ahí —*explica Hitler*— que su grado netamente intelectual deberá regularse tanto más hacia abajo, cuanto más grande* *sea el conjunto de la masa humana que ha de abarcarse»*. Debido a la falta de memoria de las masas y a su corto entendimiento (según lo que él creía), la propaganda debía ser simple y debía concentrarse en pocos tópicos expuestos de la manera más sencilla posible, los cuales debían ser repetidos con énfasis y de manera incansable apelando permanentemente a las emociones como el amor y el odio. Hitler declaró este principio en su libro *Mein Kampf*:

> «La capacidad de asimilación de la gran masa es sumamente limitada y no menos pequeña su falta de comprensión, en cambio es enorme su falta de memoria. Teniendo en cuenta estos antecedentes, toda propaganda eficaz debe concentrarse sólo a muy pocos puntos y saberlos explotar como apotegmas hasta que el último hijo del pueblo pueda formarse una idea de aquello que se persigue» [40]

Una de las características más destacadas de la divulgación de los nazis radicó en la continuidad que daban a la propaganda y a la sostenida uniformidad de su aplicación. De hecho, uno de los principios de la propaganda nazi exigía que esta debía limitarse a un número reducido de temas repetidos incansablemente, una y otra vez, desde diferentes perspectivas. Esta misma repetición extendida en el tiempo, aunque parezca una condición de menor importancia era,

---

[40] HITLER, Adolf. *Op. Cit.*, p. 110.

según sus mismos creadores, la condición con la cual se «consiguen resultados más allá de nuestro entendimiento». A este principio de simplicidad, de repetición, de apelar a las emociones y de vasta uniformidad de la propaganda debían ser practicados como los principios básicos sobre los cuales trabajaban, a su vez, otros principios. A Goebbels se le atribuye la creación de los *Once principios de la comunicación* que consistían en una lista de procedimientos discursivos estratégicos de efectos psicológicos o perceptivos que, entre otras finalidades, apuntaban a individualizar fácilmente a los rivales y saber agruparlos, cargar sobre el adversario los propios errores o defectos, responder a una agresión con otra agresión o tomar una amenaza del enemigo, por pequeña que sea, y convertirla en una amenaza grave, construir argumentos a partir de una falsa noticia, silenciar los temas sobre los que no se tienen argumentos y disimular los temas que favorecen al adversario, y, por último, crear la sensación en la audiencia de que ellos piensan como «todos lo hacen». Todos estos principios tenían su vasta aplicación en la gran influencia mediática que el Tercer Reich tenía a través de los medios de comunicación en todo el territorio alemán para desgracia de su pueblo en aquella época.

La propaganda estadounidense

En el continente americano, Estados Unidos implementó una política de control de sus intereses en la región a la vez que promovió el intervencionismo paulatino en los países de América Latina. Si bien el espíritu del panamericanismo consistió discursiva y políticamente en la implementación de medidas de cooperación y resolución de conflictos por la vía pacífica, el país del norte aprovechó este período para consolidar sus intereses comerciales apoyados por una injerencia —militar y política— que se hacía cada vez más sostenida en la región. Las intervenciones se dieron inicialmente en la zona de Centroamérica y el Caribe para luego extenderse al resto de los países de América Latina, período que duraría desde la firma de la Segunda Conferencia Panamericana (1902) hasta el final de la Política del Buen Vecino (Good Neighbor Policy) que comprendió entre 1933 y 1945. Sin embargo no fue hasta el período de la Primera Guerra Mundial —más precisamente entre la Cuarta y Quinta

Conferencia Panamericana— que Estados Unidos consolidó su política intervencionista a pesar de la oposición del resto de Latinoamérica que pretendía el acatamiento de la no injerencia expresada en la ley internacional americana. Este tema seguía siendo el asunto de mayor preocupación para América Latina a lo que Estados Unidos justificaba aludiendo que las principales dificultades no provenían de amenazas externas, sino del interior de esos propios países con gobiernos inestables y con permanentes convulsiones políticas y sociales.

El intervencionismo estadounidense no fue sólo político y militar, sino que además se extendió económica y culturalmente en el Cono Sur con una fuerte presencia de capitales norteamericanos y una sostenida influencia mediática y cultural. Durante las primeras décadas del siglo XX en países como Argentina, Chile y Uruguay, las grandes marcas de automóviles y también empresas como Palmolive, Ducilo y RCA Víctor, pasaron a formar parte del paisaje cotidiano del estilo de vida de sus sociedades. El Cono Sur recibió a lo largo de estos años una sustancial corriente de capitales estadounidenses, adoptando para su estilo de vida, la impronta de sus productos culturales entre los que se incluían los medios gráficos, la radio y el cine. Las producciones cinematográficas estadounidenses ya comenzaban a exhibirse de manera considerable en las salas y su resultado más inminente fue la influencia del «estilo de vida americano» y el infiltrado mensaje social y político que ya comenzaba a tener las realizaciones de esa época con sus cortos informativos que muy a menudo contenían una orientación ideológica.

A expensas de este panorama, la política exterior de los Estados Unidos experimentó una serie de cambios diplomáticos que, de manera paulatina, lo posicionó en una relación fraternal con el resto de América Latina. Un primer cambio se evidenció con el tratamiento del conflicto por las reservas petroleras entre los gobiernos de los Estados Unidos y México, y la resolución por intermediación del nuevo embajador Dwight Morrow que además promovió una política diplomática entre Estados Unidos y América Latina tendiente a mejorar sus relaciones. Luego hacia 1928, el presidente norteamericano Herbert Hoover puso en práctica una nueva estrategia diplomática con la intención de aplacar las críticas de los países de América Latina en relación con las intervenciones estadounidenses en el continente. Con esta finalidad, el presidente de los Estados Unidos realizó una gira continental por diez países de la región en la cual promovió los principios de buena vecindad, cooperación y amistad. No obstante, no fue hasta diciembre de 1933 que el presidente Franklin D. Roosevelt, en la VII Conferencia Panamericana de Montevideo, expresó el compromiso de un cambio en las relaciones internacionales de los Estados Unidos con América Latina.

La Política del Buen Vecino fue entre otras cosas, desde el punto de vista retórico, la propaganda diplomática que le permitió al gobierno de los Estados Unidos disimular sus planes intervencionistas en la región. Durante este activo período transcurrieron: los tratados leoninos de reciprocidad comercial y de perpetuidad del territorio de Guantánamo firmados en 1934; el derrocamiento del gobierno de Ramón Grau San Martín, provisionalmente instaurado en Cuba como fruto de la revolución popular y democrática de 1933; además de las intervenciones políticas con el asesinato de Sandino en Nicaragua; y *«el apoyo del gobierno estadounidense a la cadena de dictaduras militares o cívico-militares que se instauraron en Argentina (entre 1932 y 1943), Cuba (entre 1934 y 1940), El Salvador (entre 1931 y 1944), Ecuador (entre 1935 y 1937), Guatemala (entre 1931 y 1944), Haití (entre 1934 y 1946), Honduras (entre 1933 y 1948), Nicaragua (a partir de 1936), Perú (entre 1933 y 1939), Uruguay (entre 1932 y 1938) y Venezuela (al menos hasta 1941). También es necesario añadir el silencio cómplice del gobierno de EE. UU. frente a las prácticas represivas que, a partir de 1935, caracterizaron al gobierno nacional-burgués populista, con ciertas inclinaciones hacia el nazi-fascismo, de Getúlio Vargas en Brasil (1934-1938), al igual que a la administración de Arturo Alessandri Palma (1932-1938) en Chile.»*[41]

En tanto la Política del Buen Vecino se consolidaba, América Latina quedaba sutilmente influenciada por la actividad diplomática cultural estadounidense que comprendía su empleo como instrumento propagandístico de su política de relaciones internacionales. Durante la década del 1930, y luego del fracaso de su política diplomática durante la Primera Guerra Mundial, los Estados Unidos implementó un nuevo plan similar al de sus competidores europeos por lo cual pretendía ganar el apoyo de la mayor cantidad de naciones en miras de prevenir la injerencia de las potencias europeas dentro del continente americano. Asimismo, con la aplicación de estas medidas, el país norteamericano esperaba fortalecer su política de seguridad ganándose la confianza de sus pares americanos reformulando su imagen y promoviendo un perfil de nación altamente positivo y confiable. Con este fin, el gobierno estadounidense organizó y supervisó programas implementados en América Latina que comprendían exposiciones artísticas, intercambios culturales y viajes de grandes exponentes de la cultura

---

[41] SUÁREZ SALAZAR, Luis y GARCÍA LORENZO, Tania. Las relaciones internacionales: continuidades y cambios. *Las relaciones interamericanas durante la «época del buen vecino».* Buenos Aires: Consejo Latinoamericano de Ciencias Sociales - CLACSO, 2008. Pág. 3.

latinoamericana y su difusión a través de los medios culturales.

La primera exposición latinoamericana de Bellas Artes fue inaugurada en el Museo Riverside el 2 de junio de 1939 con más de trescientas treinta obras de numerosos países que incluían a Argentina, Brasil, Chile, Ecuador, México y Paraguay. A pesar de haber sido vista como un pobre intento de dar a conocer el arte latinoamericano en el país del norte, esta exhibición de gran envergadura contó con la participación de importantes artistas como Diego Rivera, José Orozco, Cándido Portinari, Emilio Pettoruti, Raquel Forner y Antoni Berni. Al año siguiente se organizó una muestra que incluyó a muy pocos países (Brasil, República Dominicana, Ecuador, México y Venezuela) sin embargo, con una representación artística importante que incorporó a exponentes consagrados, muchos de ellos mexicanos debido a que eran los artistas más reconocidos en los Estados Unidos. Como resultado, estas muestras lograron un impacto positivo en el mercado latinoamericano y en ferias internacionales como la de Nueva York y el Golden Gate donde los países contaban con pabellones propios que exhibían su arte nacional.

Como consecuencia de estas exposiciones y con la creación de la *Office of the Coordinator of Inter-American Affairs* OCIAA (Oficina del Coordinador de Asuntos Interamericanos) dirigida por Nelson Rockefeller, se organizaron y supervisaron programas de intercambios culturales y educativos. Desde 1940, algunos de los museos más importantes participaron de la promoción latinoamericana con exposiciones de arte pictórico y escultura; además de charlas, conferencias y otras actividades culturales con el propósito de fomentar el arte latinoamericano y, al mismo tiempo, mostrar una actitud de comprensión cultural con sus vecinos del sur.

Como *«el programa cultural de la OCIAA se basó en la teoría de que ningún esfuerzo o gasto de defensa nacional en las áreas comercial y militar podría ser exitoso a menos que hubiera un programa paralelo para fomentar una amistad activa y duradera entre los pueblos de las Américas»*[42], una de las medidas primordiales fue la compra y exhibición del arte latinoamericano en el Museo de Arte Moderno (MoMA) que sirvió como espacio de reconocimiento político para alimentar la Política de Buena Vecindad. Con tal propósito, Nelson Rockefeller reclutó a Lincoln Kirstein que estaba a cargo de la adquisición de las obras de los artistas. No obstante su dudosa designación, puesto que Kirstein no era un especialista en arte latinoamericano, estaba destinado a ser una pieza clave ya que *«tendrá una importancia*

---

[42] MATALLANA, Andrea. Nelson Rockefeller y la diplomacia del arte en América Latina, EUDEBA, 2021.

propagandística y será de ayuda para el esfuerzo en la guerra [...] servirá al gobierno en una posición para la cual está completamente calificado. (Rockefeller 1940). Además del motivo político había otro estratégico, Kirstein ya conocía Sudamérica y tenía contactos establecidos en un viaje anterior que podían ser útiles para facilitar la búsqueda de información.»[43]

Otra de las estrategias culturales de la OCIAA en el período de la Segunda Guerra Mundial fue la realización de películas para acercar a los Estados Unidos con el resto del continente americano, con documentales ambientados en Latinoamérica y producciones infantiles que gozaban de una gran aprobación y reconocimiento público. Así, la propaganda proamericana promovía el acercamiento y la simpatía entre los Estado Unidos y América Latina y consolidaba mediáticamente su imagen positiva de buen vecino en el continente. Por otra parte, la propaganda en contra del enemigo incluía una producción más agresiva que buscaba persuadir a la teleaudiencia latinoamericana sobre las atrocidades perpetradas por el adversario durante la guerra como manera de desacreditar las ideologías fascistas y totalitarias en los países del sur.

Con el propósito de promover la amistad entre los

---

[43] *Ibid.*

pueblos, y por sugerencia del presidente Roosevelt, se contrató a Orson Welles y a Walt Disney para producir el rodaje de documentales y animaciones cinematográficas que promoviesen el mensaje de buenos vecinos. Orson Welles produjo un documental titulado *It's all true* (1942)[44] realizado en Brasil que finalmente no tuvo difusión por decisión propia de la OCIAA. En el documental se retrata la cultura brasileña y en particular se cuenta la historia de la samba en el marco del carnaval de Río de Janeiro. Luego Orson Welles se trasladó a Fortaleza para retratar la vida de los pescadores de la conocida ciudad del noreste brasileño. La muerte accidental de uno de los pescadores durante el rodaje provocó la protesta de los trabajadores que exigían mejores condiciones laborales y de vida al gobierno del presidente Gertulio Vargas, situación realmente incómoda teniendo en cuenta que la naturaleza del documental era la de hermanar al gobierno de los Estados Unidos con el resto de los países de América Latina. Al final, con la excusa de la falta de fondos y con la certeza de que esa producción no contribuiría a estrechar lazos de amistad con el gobierno brasileño,

---

[44] WELLES, Orson. It's all true [en línea] Youtube [California, Estados Unidos]: The Theatre of the Mind, junio 2009 [ref. de 2 de diciembre de 2013] Disponible en Web:
http://www.youtube.com/watch?v=7SVwyDQEFss&list=PLC6B997D9CF6 8D385

el documental fue cancelado. Por su parte, entre 1940 y 1945 Walt Disney realizó algunas animaciones cinematográficas que contribuyeron a consolidar el fraternal mensaje de amistad entre las Américas. En agosto de 1941, Walt Disney y un equipo de aproximadamente quince personas emprendieron un viaje por doce países que contemplaba entre otros: Argentina, Bolivia, Brasil, Chile, México, Perú y Uruguay. En este viaje comenzaron los bocetos para lo que luego fueron las producciones animadas *Saludos Amigos* y *The Three Caballeros* que desarrollaron cabalmente el tema de los Estados Unidos como un *«Buen vecino»*, y no ya como un hermano mayor de las naciones de América Latina.

Asimismo, durante la Segunda Guerra Mundial, el animador estadounidense realizó una gran cantidad de producciones de propaganda anti-enemiga orientada a demonizar a los regímenes de las potencias del Eje, como ser: *Der Fuehrer's Face* (1943)[45], un cortometraje animado que critica con un humor sarcástico a Hitler y el régimen nazi. El cortometraje ironiza acerca de la supuesta superioridad racial aria y del nuevo orden que el régimen pretendía imponer estableciendo una identificación del enemigo en los

---

[45] DISNEY, Walt. Der Fuehrer's Face [en línea] Youtube [California, Estados Unidos]: Doctor Walther Darré, noviembre 2011 [ref. de 2 de diciembre de 2013] Disponible en Web: http://www.youtube.com/watch?v=ss0mzt66DgQ

retratos caricaturizados de Hitler, Mussolini e Hirohito como manera de identificar al enemigo en común, es decir, los tres líderes y sus regímenes como el enemigo único. También, el corto *Education for Death* (1943) [46] es un *film* dirigido a los niños el cual relata la historia de Hans, un chico alemán que es educado para ser un nazi y para la muerte. El *film* hace alusión a la discriminación a través de la elección del nombre del niño puramente ario descartando los nombres judíos de una lista. El mensaje final de la producción sostiene que esa es la educación que se le da a cada niño y a cada joven para conformar un gran ejército del partido fiel a sus líderes y educados para la muerte. En cambio, en la animación *Reason and Emotion* (1943)[47], Walt Disney realiza un cortometraje «educativo» que alecciona a la teleaudiencia acerca del rol que tiene la razón y de la emoción en el ser humano, y del uso que los nazis hacen de este conocimiento para manipular a la población con la propaganda y controlarlos a través de los sentimientos de miedo, simpatía, orgullo, y odio poniendo a la razón a merced de esos sentimientos ideológicamente orientados. Y

---

[46] DISNEY, Walt. Education for Death [en línea] Youtube [California, Estados Unidos]: David Carrasco, noviembre 2013 [ref. de 2 de diciembre de 2013] Disponible en Web: http://www.youtube.com/watch?v=VA-BYkqeaeM

[47] DISNEY, Walt. Reason and Emotion [en línea] Youtube [California, Estados Unidos]: Uhfotis, abril 2007 [ref. de 2 de diciembre de 2013] Disponible en Web: http://www.youtube.com/watch?v=nvp3zAPraF4

finalmente, producciones como *The New Spirit* (1942)[48] promueve entre la población de los Estados Unidos la importancia que tiene el pago de los impuestos para la fabricación de armamento como contribución para ganar la guerra y destruir al enemigo.

Desde un punto de vista predominantemente discursivo, el Buen Vecino fue en buena parte el instrumento con el cual la política estadounidense buscó infiltrar su estructura retórica de dominio en el resto del continente, una estrategia diplomática que desde su enunciación intentó disfrazar la realidad de la política intervencionista estadounidense de la primera mitad del siglo XX, al mismo tiempo que proponía un acercamiento de los lazos diplomáticos con las demás naciones americanas. Parte de esa retórica reforzó lo que se venía consolidando desde el siglo XIX: una división territorial en *América del Norte* y *América Latina* que supone además una discriminación no sólo cultural y racial sino además perceptiva. Desde su locus de enunciación, este recurso, más que diplomático, por sobre todo retórico —que es lo que nos interesa– retrató una polarización en la vecindad americana: un grupo de vecinos débiles y el otro fuerte y, por lo tanto, obligado a la protección

---

[48] DISNEY, Walt. The New Spirit [en línea] Youtube [California, Estados Unidos]: Nuclear Vault, abril 2014 [ref. de 2 de diciembre de 2014] Disponible en Web: https://youtu.be/eMU-KGKK6q8

del territorio americano; un grupo de vecinos políticamente convulsionados y el otro estable, que como buen vecino se vio obligado a la asistencia de sus pares continentales; una horda de vecinos precarios y el otro evolucionado, que vino a traer la modernidad, el adelanto tecnológico y la prosperidad económica a América Latina. Es decir, un discurso integral que habilitó incesantemente el desarrollo de cada uno de los aspectos que conformaban sus intereses políticos, económicos y culturales.

Desde el siglo XIX, el discurso político estadounidense ha promovido en nuestros territorios, el desarrollo tecnológico y liberal en el marco de la organización democrática en nombre de la modernidad y del progreso, discurso que, por otra parte, ha habilitado a la apropiación de grandes extensiones de tierras, la explotación de los recursos naturales, la extinción del «bárbaro» sostenida en la clasificación de estereotipos antagónicos de «bárbaros» y «civilizados», que en términos continentales podría pensarse que corresponden a Sur y Norteamérica respectivamente. La retórica del Buen Vecino fue, además de una herramienta política, la matriz de una estructura discursiva propagandística que tendió a crear identidades y a estereotipar nuestras culturas y a sus poblaciones. El resultado de la implementación de estas medidas comunicacionales fue, como se dijo, no sólo la expropiación de la tierra, la extinción del «bárbaro», la explotación de mano de obra barata y la dirección de las finanzas, sino también el mando político, el control social epistémico y subjetivo con la manipulación del conocimiento y hasta de la subjetividad. Desde la oralidad, el Buen Vecino construyó el retrato retórico que describe cómo es la región latinoamericana, al mismo tiempo que le permitió a los Estados Unidos desplegar sus actividades políticas y económicas intervencionistas en la región.

Poco después de finalizada la Segunda Guerra, el contexto político europeo quedaba escindido en dos bandos bien definidos: Gran Bretaña, Francia y los Estados Unidos por un lado; y por el otro, la Unión Soviética. Entonces, la Guerra Fría surgió de esa separación de los bandos aliados y de la Unión Soviética, pero por sobre todo emergió de una anterior confrontación por la postura que Estados Unidos había adoptado a partir de la Revolución Rusa de 1917. Finalizada la guerra en 1945, la alianza bélica transitoria que se había conformado para hacerle frente al enemigo nazi llegó a su fin y el enfrentamiento entre las dos potencias resurgió de una manera aún más radical.

En tanto la Unión Soviética reclamaba fronteras confiables en Europa del Este, particularmente en Polonia —país por donde los soviéticos habían sufrido la devastadora invasión alemana— terminó con la incorporación de una parte de Polonia a su territorio y el desplazamiento, por decisión aliada, de parte del pueblo alemán hacia occidente. Luego, la Unión Soviética pasó a dominar por completo a los países de su frontera occidental formando gobiernos de coalición pro soviética y quedándose con el control de las fuerzas de seguridad de esos países. En el discurso que Churchill pronunció el 5 de marzo de 1946 en el Westminster College de Fulton, en Missouri, proclamó:

«Desde Stettin, en el Báltico, a Trieste, en el Adriático, ha caído sobre el continente un telón de hierro. Tras él se encuentran todas las capitales de los antiguos Estados de Europa central y Oriental. Varsovia, Berlín, Praga, Viena, Budapest, Belgrado, Bucarest y Sofía, todas estas famosas ciudades y sus poblaciones y los países en torno a ellas se encuentran en lo que debo llamar la esfera soviética, y todos están sometidos, de una manera u otra, no sólo a la influencia soviética, sino a una altísima y, en muchos casos, creciente medida de control por parte de Moscú, muy fuertes, y en algunos casos, cada vez más estrictas».[49]

Debido a que el gobierno de los Estados Unidos creía verdaderamente que la actitud expansionista de

---

[49] SAN FRANCISCO, Alejandro. Universidad de San Sebastián. Instituto de Polítitas Públicas en Salud, 2021, https://www.ipsuss.cl/ipsuss/columnas-de-opinion/alejandro-san-francisco/churchill-el-discurso-de-la-cortina-de-hierro/2021-03-08/115126.html

la Unión Soviética constituía una amenaza real tanto para la libertad del país del norte como para toda Europa, decidieron adoptar una posición política más clara frente a la actitud del gobierno estalinista. Dos meses después del discurso de Churchill, dos bombas atómicas fueron detonadas por la Unión Soviética en el Océano Pacífico como una clara advertencia a los Estados Unidos y sus aliados del poderoso armamento que Stalin tenía. De allí en más, y después de la disgregación en la conferencia de ministros en París, las dos potencias mundiales se trabaron en una carrera armamentista, sobre todo en el desarrollo de armas atómicas y biológicas. Pero no fue hasta marzo de 1947 que el presidente Harry Truman le declaró la guerra al comunismo cuando manifestó en el Congreso que Estados Unidos estaba decidido a frenar el avance del comunismo en cualquier parte del mundo. De allí en más se declaraba el comienzo de la Guerra Fría y, entre todo lo que ese período comprendió, se estableció una guerra comunicacional entre los dos bandos.

Como consecuencia, y con la creación de la CIA (Central Intelligence Agency) a partir de la firma del Acta de Seguridad Nacional, los Estados Unidos implementó una propaganda orientada a atacar al comunismo y a mostrar las políticas norteamericanas como positivas, además de promover los intereses estadounidenses en el extranjero. Al poco tiempo de la creación de la CIA, una de sus primeras actividades más importantes fue la de influir en las elecciones italianas de 1948. En ese entonces, el Partido Comunista Italiano gozaba de una popularidad abrumadora comparada con la de sus rivales democráticos, además de haber estado en el poder en los últimos años. Por lo tanto, para revertir este panorama, se implementó una campaña que promovía el alto nivel de vida de los trabajadores estadounidenses, volvieron a exhibirse películas con mensajes claramente anticomunistas y se incentivó una campaña de desprestigio epistolar del partido comunista que provenía de los inmigrantes italianos que vivían en los Estados Unidos hacia sus familiares que residían en Italia. Finalmente, la propaganda anticomunista se impuso en las elecciones la cual dio como ganadora a la Democracia Cristiana con un 48,5% de los votos.

La propaganda anticomunista de los Estados Unidos pronto abarcó todos los campos posibles principalmente el escenario mediático y cultural. En junio de 1950, la CIA organizó el Congreso para la Libertad de la Cultura en Berlín, un evento filosófico, literario y artístico cuyos invitados tenían un marcado perfil anticomunista o al menos pro estadounidense. Luego, la CIA financió la publicación de la revista británica *Encounter*, una revista cultural que intercalaba contenidos literarios, culturales y anticomunistas además de favorecer con otros la imagen de los Estados Unidos en el exterior, revista que ameritó la renuncia de su editor luego de que, catorce años después de su apertura, se supiese de la financiación de la CIA. De igual manera, la CIA fue creando una cantidad importante de revistas alrededor del mundo que incluían la revista francesa *Cuadernos* publicada en español y distribuida en América Latina con un claro contenido anticomunista y antisoviético pero que, por otra parte —y al igual que la revista *Encounter*— promovía los valores y el nivel de vida de la cultura capitalista norteamericana. Por último, la revista italiana *Tempo Presente*, entre otras revistas del mismo tenor, fue financiada por la CIA desde el año 1956 hasta su cierre en 1967 a causa de su escasez de circulación. Asimismo, debido a que muchas de estas publicaciones resultaron algo adversas a lo que la CIA quería promover como valores americanos o debido a su escasa venta, estas publicaciones dejaron progresivamente de financiarse, por lo que el aporte económico se reorientó a las manifestaciones artísticas más populares que por aquel entonces ganaban cada vez más importancia en el escenario popular occidental, más precisamente en el cine, la televisión, las artes y la música.

Conclusión

Como hemos advertido en este periodo específico de investigación de la historia de la propaganda, que ha tenido una continuidad a través de los siglos, y se ha acentuado principalmente durante los conflictos sociales más significativos como las revueltas, las sublevaciones, las revoluciones y las guerras, que originaron cambios considerables en cuanto a la manera de manifestarse y de su evolución. Si bien ha experimentado cambios y maneras distintas en su aplicación, la propaganda mantuvo mayormente sus características esenciales, aquellos principios que Sun Tzu estableció: *«El arte de la guerra se basa en el engaño»* y *«La excelencia suprema consiste en quebrantar la resistencia del enemigo sin pelear»*, excelencia que a los grupos armados posteriores a Sun Tzu no le ha importado en demasía. Sin embargo, sí podemos apreciar una continuidad en relación con la cualidad de influenciar en la moral y en el comportamiento de los individuos, además de su carácter secreto que se mantiene hasta el presente. Así, esta forma de difusión evolucionó a través de las épocas, los conflictos armados, los de índole religiosos, las campañas proselitistas y las revoluciones, apreciando matices y características singulares en cada período.

Desde el punto de vista técnico, la propaganda no había experimentado un cambio significativo hasta la invención de la imprenta; durante la Revolución Francesa la vemos definitivamente integrada a la publicación periodística, intelectual, ideológica y filosófica; en la Guerra de Secesión, adopta a la fotografía como manera más veraz de evidenciar los hechos del conflicto en exhibiciones fotográficas públicas, ya que lo que se apreciaba en las fotografías era la «realidad»; asimismo en su manifestación escrita encontramos una expresión periodística más manipuladora al servicio de la tergiversación de la realidad para provocar un efecto definitivamente ideológico. Luego, a principios del siglo XX, si bien esta difusión no contó con muchos más recursos técnicos, contribuyó a delinear los fundamentos ideológicos de las partes intervinientes en la Primera Guerra Mundial al tiempo que manipulaba la opinión pública en los territorios enemigos, ocupados y en los países neutrales. En la Revolución Rusa vemos una divulgación bolchevique constituida, más sistemática —fundamentada en la prensa y la oralidad, con las figuras indispensables del propagandista, el agitador y las voces de orden—, más instigadora, con la incorporación de la adulteración fotográfica como medio gráfico lícito y «veraz» y la integración del cine como expresión cultural de influencia ideológica. El partido nazi integró a la propaganda definitivamente a la organización partidaria como artilugio proselitista, segregativo y manipulativo, en el sentido de utilizarla para orientar a la opinión pública y prepararla para la hora del «triunfo», una difusión que incluyó no sólo la oralidad y la redacción de sus ideas, sino también —así como en la Revolución Francesa— la expresión cultural, la iconografía, las edificaciones y muchas otras manifestaciones de impronta puramente germana para impactar en la percepción de los adeptos y del enemigo. La propaganda nazi se caracterizó también por su carácter psicológico de identificación partidaria y cultural orientada a la masa que son en definitiva las más influenciables, corruptibles y maleables, apelando siempre a las pasiones como el amor y el odio. Por último, el gobierno de los Estados Unidos se expresó principalmente en un doble sentido: con una propaganda diplomática dirigida a América Latina como artificio para ocultar sus políticas intervencionistas en la región y como manera de prevenir la intromisión comunista en el continente americano, y para defender sus intereses; esta última, además como declaración inicial de lo que luego fue la propaganda estadounidense de la Guerra Fría.

Por ahora, este recorrido de la propaganda a través de la historia queda interrumpido debido a que, de aquí en adelante, esta clase de difusión de soporte tecnológico se transformó enormemente por la irrupción de la revolución digital desde mediados del siglo XX. A partir de la entrada de la informática y la tecnología de la comunicación, estas técnicas de manipulación se vieron increíblemente potenciadas a niveles antes inimaginables que generaron cambios definitivos en la percepción de la realidad en las poblaciones en todo el mundo. Asimismo, hoy en día presenciamos una propaganda digitalmente tan diversificada que estudiarla significaría abordarla por fragmentos específicos, cada uno de ellos diversos y extensos que ameritan un estudio más exhaustivo. No obstante, si bien en la actualidad lo que está en continuo cambio son las formas, herramientas y recursos digitales, lo que esencialmente permanece son las técnicas de manipulación que se han venido aplicando al servicio de la propaganda desde la antigüedad.

Bibliografía

BERNAYS, Edward L. Propaganda. [Libro en línea] España: Melsina, 2008 [Consulta: 3-12-2013]. ISBN 978-84-96614-42-0

CICERÓN, Quinto Tulio. Breviario de campaña electoral (*Commentariolum petitionis*) Sirmo Cuaderns Crema, Barcelona, 1993.

DELLANEGRA PEDRAZA, Luis. Relaciones políticas entre Estados Unidos y América Latina: ¿Predominio monroista o unidad latinoamericana? Buenos Aires: Edic. del Autor, 1994.

DRIENCOURT, Jacques. *La propaganda, nueva fuerza política*. Ed. Huemul. Buenos Aires, 1964.

DORFMAN, Ariel y MATTERLART, Armand. Para leer al *Pato Donald— comunicación de masas y colonialismo*, Siglo XXI, Buenos Aires, Argentina, 1994.

DOMENACH, J.M. *La propaganda política*. EUDEBA. Buenos Aires, 1950.

FLIEDNER, Federico. Martín Lutero su vida y su obra, Biografías Históricas, Editorial CLIE, Barcelona, 2002.

HITLER, Adolf. *Mi Lucha*. Primera Edición electrónica. Jusego-Chile, 2003.

HÖFFE, Otfried, Breve historia ilustrada de la filosofía, Ediciones Península, Barccelona, 2003.

LINDSAY, Tomás M. *Historia de la Reforma*, La Aurora, Buenos Aires, 1949.

MATALLANA, Andrea. Nelson Rockefeller y la diplomacia del arte en América Latina, EUDEBA, 2021.

MIGNOLO, Walter D. La idea de América Latina. La herida colonial y la opción decolonial. Barcelona. Editorial Gresida, 2007.

NATIONAL GEOGRAPHIC. La Guerra de Secesión Estadounidense: Bocetos del campo de batalla, 2021.
https://historia.nationalgeographic.com.es/a/guerra-secesion-estadounidense-bocetos-campo-batalla_5901

PEREDO CASTRO, Francisco. Cine y propaganda para Latinoamérica. *«México y Estados Unidos en la encrucijada de los años cuarenta»*, México, CCyDEL-CISAN, 2004.

PURCIEL, Fernando. Cine, propaganda y el mundo de Disney en Chile durante la segunda guerra mundial. Historia N° 43, vol. II, julio-diciembre 2010.

RODRIGUEZ, M. A. La fotografía durante la Guerra de Secesión (1861-1865), *Clio* 35, 2009. http://clio.rediris.es ISSN 1139-6237 (Proyecto CLIO, REDIRIS)

SABORIDO, Jorge. Historia de la Unión Soviética. EMECE. Buenos Aires, 2009.

SAN FRANCISCO, Alejandro. Universidad de San Sebastián. Instituto de Polítitas Públicas en Salud, 2021.

SUÁREZ SALAZAR, Luis y GARCÍA LORENZO, Tania. Las relaciones internacionales: continuidades y cambios. *Las relaciones interamericanas durante la «época del buen vecino»*. Buenos Aires: Consejo Latinoamericano de Ciencias Sociales - CLACSO, 2008.

SUN TZU. *El Arte de la Guerra*. Gárgola, Buenos Aires, 2005.

SUTTER, Kelly. "Nazi Gods" and "Jewish Devils": The Dehumanizing Rhetoric of Nazi Propaganda. Boston College, 2008.

VOLKOGONOV, Dimitri. *Guerra Psicológica*. Editorial Progreso. URSS, 1986.

WELLES, Orson. It's all true [en línea] Youtube [California, Estados Unidos]: The Theatre of the Mind, junio 2009 [ref. de 2 de diciembre de 2013] Disponible en Web: http://www.youtube.com/watch?v=7SVwyDQEFss& list=PLC6B997D9CF68D385 info@idealesliterarios.com